Traumstunden Verlag

Die Deutsche Bibliothek verzeichnet diese Publikation in der Deutschen Nationalbibliografie;

detaillierte bibliografische Daten sind im Internet über http://dnb.ddb.de abrufbar.

Printed in Polen

Zurückgelassen durch Suizid

Mein Weg durch die Trauer zurück ins Leben

Ratgeber/Suizid

2. Auflage 2013

ISBN: 978-3-942514-61-3
E-ISBN: 978-3-942514-84-2

Auch hier bin ich zu finden:
http://www.suizid-in-familie.de

Inhalt

Herzlich willkommen

Es ist zwar etwas ungewöhnlich, jedoch habe ich dieses Buch in der Du-Form geschrieben. Meiner Ansicht nach ließ es sich leichter schreiben und lässt sich leichter lesen. Auch wenn wir uns noch nicht kennen, möchte ich eine Vertrautheit zwischen uns aufbauen.

Alle meine direkten Gedanken habe ich in *kursiver Schrift* geschrieben. Es sind Originalschriften aus der Zeit, nachdem Enrico starb.

Auch wenn meine Gedankengänge etwas „durcheinander“ oder „kurios“ erscheinen, sie waren zu dem Zeitpunkt so sonderbar. Ich sammelte alle meine Schreibzettel, Hefte und Collageblöcke, um keinen Gedanken je zu vergessen.

Dass ich eines Tages daraus ein Buch schreiben würde, war mir zu dem damaligen Zeitpunkt noch nicht bewusst.

Die Namen in diesem Buch sind teils echt und teils verändert.

Vorwort von Sabine Mann

Ich möchte damit beginnen, Dir zu erklären, wer ich bin und wie es dazu kommt, dass ich dieses Vorwort schreiben darf.

Mein Name ist Sabine Mann. Ich habe einen 19-jährigen Sohn und mein Mann hat zwei Kinder. Ein Mädchen und einen Jungen.

Im Jahr 2005 beschloss der Sohn meines Mannes spontan sein Leben zu beenden.
Christian, so ist sein Name, war damals 16 Jahre jung.

So kam ich in das Forum von AGUS (Selbsthilfegruppe – Angehörige um Suizid).
In diesem Forum lernten Annette und ich uns kennen und als sie dann ein Praktikum in meiner Nähe machte, beschlossen wir uns persönlich zu treffen.

Zu diesem Zeitpunkt ging es Annette noch sehr schlecht und vor unserer ersten Begegnung hatte ich deshalb die Befürchtung, dass wir viel zu verschieden sind, denn mit meiner Trauer war ich ihr um dreieinhalb Jahre voraus.

Unsinn.
Trauer verbindet und die Trauer nach einem Suizid ist etwas, das man mit keinem anderen Verlust und Schmerz vergleichen kann.

So wurden Annette und ich Freundinnen.

Nachdem ihr Praktikum beendet war, telefonierten wir häufig und dabei weinte Annette oft. Ich war gern für sie da.
Häufig hörte ich einfach nur zu, wenn sie mich anrief, denn an vielen Tagen gibt es nichts, was diese Trauer und den Schmerz lindern kann.

Dann kann man nur durch Zuhören helfen und dadurch, für den Trauernden da zu sein.
Bis heute ist es so, dass wir miteinander weinen und auch gemeinsam lachen können.

Eines Tages teilte Annette mir mit, dass sie ein Buch schreiben möchte. Nun setzt sie diesen Wunsch in die Tat um und ich finde, das macht sie richtig gut.

Ich selbst habe nach Christians Tod viele Bücher zu den Themen Trauer und Suizid gelesen und das hat mir sehr geholfen.

Auf manche Fragen konnte ich Antworten finden und ich erhielt auch manche Anregungen zur Trauerverarbeitung. Jedoch das Wichtigste war wohl, dass ich mich beschäftigte.

Aus diesem Grund bin ich der Ansicht, es kann nicht genügend Bücher zu diesen Themen geben, die Aufklären und somit helfen können.
Annette möchte dazu beitragen und helfen. Sie möchte so etwas von dem weitergeben, was sie in den

schwersten Tagen ihrer Trauer erfahren durfte und sie möchte helfen.

Dieses Buch kann Dir eine Stütze sein und vielleicht auch ein Ratgeber für Deine Angehörigen.

Du wirst in diesem Buch auch ein paar meiner Gedichte finden, die ich nach Christians Suizid geschrieben habe, um meine Gefühle auszudrücken.

Ich hoffe sehr, dass sie und dieses Buch Dir helfen werden mit Deiner Trauer umzugehen und in ein neues Leben zu finden.

Mit den Lieben, um die wir trauern, in unseren Herzen.

Sabine Mann

Warum ich dieses Buch schrieb

Nachdem sich mein Leben am 03.07.2008 von einer Sekunde auf die andere schlagartig änderte, schrieb ich, um nicht vollends unterzugehen. Mein Sohn Enrico hat sich am 22.06.2008 das Leben genommen. Er war erst 19 Jahre jung.

Mein Tagebuch und meine darin festgehaltenen Gedanken halfen mir, zu „überleben". Selbst meine kleinsten „Erfolge" hielt ich schriftlich fest. Ich möchte Dir mit meinem Buch Mut machen und Dir sagen, dass auch Du mit Deinem veränderten Leben zurechtkommen kannst.

Dieses Buch soll Dir helfen Dich besser zu verstehen, denn Du hast Dich durch den Suizid Deines geliebten Menschen sehr verändert. Die Welt außen ist noch so, wie sie war, nur Deine eigene Welt ist innerlich zusammengebrochen.

Suizid - ein sehr bedrohliches Wort - und noch bedrohlicher scheint das Leben der Hinterbliebenen. Ich benutze absichtlich das Wort „scheint". Denn ich bin selbst eine „verwaiste Mutter" und weiß aus eigener Erfahrung, dass es auch wieder Sonne nach dem Regen gibt.

Auch möchte ich mit meinem Buch einen Beitrag dazu leisten, Vorurteile in Bezug auf Suizid zu entkräften. Hinter vorgehaltener Hand wird laut gemunkelt.

Suizid ist immer noch ein großes unethisches Tabu-Thema. Weil dem so ist, wurde mein Sohn ohne meine Zustimmung anonym beerdigt.
An dieser Stelle klage ich niemanden an. Ich möchte durch mein Buch ein Stück weit helfen das Thema Suizid zu enttabuisieren.

Trauerarbeit ist eine schwere Arbeit und manchmal, nein, sogar sehr oft, bewegte ich mich im Kreis und konnte keinen klaren Gedanken fassen.

Ich möchte Dir gerne helfen, Deine Gedanken zu sortieren. Vielleicht schaffe ich es, ein Stück weit mit meinen Gedanken Dir andere Wege nahe zu bringen. Suizidhinterbliebene verstehen die Gedanken und Gefühle anderer Suizidhinterbliebener besser als jeder andere Mensch.

Enrico soll nicht umsonst gegangen sein. Und das ist er auch nicht, denn er hat sehr viel in mir bewirkt.

Ich sende Dir ganz viele liebe und tröstende Grüße,

Deine Annette Meißner,

Mutter von zwei lebenden Söhnen,
und einem verstorbenen Sohn.

Handhabung zu diesem Buch

Dies ist kein „normales" Buch, welches Du von vorne bis hinten lesen musst, um es zu verstehen. Jedes Kapitel ist abgeschlossenen. Jeder Mensch kann dieses Buch so lesen, wie es ihm zusagt.

Denn: Trauer ist für viele Menschen schwer zu verarbeiten. Trauer nach dem Suizid unseres geliebten Angehörigen ist für uns Hinterbliebene noch viel schwerer zu verstehen und zu verarbeiten. Wir sind alle verschiedenartige Menschen und trauern auf unterschiedlichste Art und Weise.

Daher: Lese erst einmal die Kapitel, die Dir am wichtigsten erscheinen.

Trauer und Trauerverarbeitung ist ein sehr komplexes Thema. Viele Dinge sind miteinander verknüpft, sodass ich keine bestimmte Reihenfolge aufstellen konnte. Jedes Kapitel ist so wichtig, wie es in dem Moment wichtig für Dich ist.

Da ich selbst betroffen bin, beruhen die Tipps auf meinen persönlichen Erfahrungen. Die in meinem Buch eingebrachten Hilfestellungen, praktizierte ich alle selbst.

Ich hoffe, dass sie auch für Dich hilfreich sind.

Und wenn Du es jetzt vielleicht noch nicht siehst - glaube mir, es kann Dir eines Tages wieder besser gehen.

Dieser Tag hat mein Leben komplett verändert

Wieso rief meine Schwester mich so oft an diesem Tag an? Es war Donnerstag, der 03.07.2008: Wo ich denn sei? Wann ich wieder zurück sei?

Es wird schon seinen Grund haben, dachte ich im Zug, und entschied mich dazu, die Fahrt nach Hause zu genießen. Die Sonne war herrlich warm. Ich beschloss, mir keine weiteren Gedanken zu machen und freute mich, dass sie mich vom Bahnhof abholen würde, so, wie sie mir am Telefon versprach.

Als ich aus dem Zug ausstieg, hielt ich Ausschau nach ihr und entdeckte obendrein meine jüngere Schwester.
Sie sei zufällig in der Nähe gewesen und dachte, dass es doch nett wäre mich mit abzuholen. Ich freute mich sehr darüber und lud beide Schwestern kurzerhand zum Tee zu mir nach Hause ein.

Dass dies die letzten „normalen“ Momente in meinem Leben waren, war mir zu dem Zeitpunkt nicht bewusst.

Zu Hause bei mir angekommen, sah mir meine ältere Schwester plötzlich ganz intensiv in meine Augen und sagte:
„Ich muss Dir etwas sagen ...“
SOFORT kam mir Enrico in den Sinn.

Ich: „Enrico?“
Sie: „Ja.“
Ich: „Was ist mit ihm? Ist ihm etwas passiert?“
Sie: „Wir können ihm nicht mehr helfen.“

Ich: „Was ist denn los? Wo ist er?“

Sie: „Er ist ... ... tot.“

Ich: „Das ist nicht wahr! Damit macht man keine Scherze. Enrico ist doch nicht tot. Das kann nicht sein! Was erzählst Du mir da?“

Sie (leise - kaum hörbar): „Doch.“

Ich schrie laut los: „NEIN NEIN NEIN! Wie? Wo? Was ist passiert?“

Meine Schwester blickte mich an. Ganz leise flüsterte sie folgende Worte, die ich nie wieder in meinem Leben vergessen werde:

„Enrico hat sich am Wasserturm erhängt.“

Stille ...

NEIN! Das kann nicht sein. Er kommt doch gleich wieder nach Hause. Ich hab doch die Stühle bald fertig gestrichen.

Hilfesuchend blickte ich zu meiner jüngeren Schwester herüber, die bis dahin ganz ruhig auf dem Sofa saß und mich unsicher beobachtete.
„Nein“, stammelte ich, „das stimmt nicht! Enrico macht so etwas nicht!“
Stille herrschte und keine der beiden Schwestern widersprach mir. Plötzlich stieg eine große Hitze in mir hoch. Mit den Füßen aufstampfend schrie ich erneut los:
„NEIN! Das glaube ich Dir nicht. Enrico tut so was nicht! Ich will ihn sehen! Jetzt! Ich will ihn jetzt sehen!“

Ja, ich will ihn sehen!

Dann folgte der nächste Schock:
Meine jüngere Schwester wandte sich zu mir und sagte ganz vorsichtig und leise:
„Er wurde heute Mittag anonym beerdigt. Niemand wusste, wer er war, als sie ihn gefunden haben.“

WAS? Wie bitte? NEIN! Das darf nicht sein! Das kann nicht sein!
Es hat doch niemand die Erlaubnis von mir bekommen! Mein Flippy! Ganz alleine- ohne mich! Es kannte ihn keiner? Er ist doch hier aufgewachsen! Er kann ja auch gar nicht tot sein, denn er kommt ja gleich wieder nach Hause!

Ein plötzlich auftretender drückender Schmerz in meiner Brust wurde unerträglich. Ich rang nach Luft,

stampfte erneut mit den Füßen auf den Boden und vergrub dann den Kopf in meine Arme.
Meine jüngere Schwester nahm schweigend meine Hand. Ich ließ es zu.

Da beide Schwestern voraus dachten, rief die Ältere in meinem Beisein meinen Hausarzt an. Er würde sofort bei mir erschienen, versicherte er, wenn sie es für notwendig erachtet. Er sei auf Abruf bereit.

Blitzartig gingen mir wichtige Gedanken durch den Kopf:
„Was ist mit meinen beiden Jungs? Wissen sie es schon?“ frage ich erschrocken.

Selbst daran haben meine Schwestern gedacht und sie wollten zusammen mit mir meine Söhne aufsuchen, die nicht mehr bei mir wohnten, um es ihnen persönlich zu sagen.
Bevor wir zu ihnen fuhren, fragte meine ältere Schwester, welchen Menschen ich um mich haben wollte. Es war natürlich Regina. Meine langjährige und beste Freundin. Auch Julia, die Patentante meines ältesten Sohnes, hätte ich gerne gesehen.

Organisation war für mich unmöglich, denn ich konnte nicht klar denken. Ich war so froh, dass mir alles aus der Hand genommen wurde. Im Grunde genommen war ich mit allem einverstanden, denn:

Denken	- was ist das?	Ich denke Nebel
Fühlen	- was ist das?	Ich fühle Nebel

Meine Schwestern standen vom Sofa auf und ich folgte ihnen schweigend. Meine Beine bewegten sich wie automatisiert. Die gesamte vertraute Umgebung nahm ich auf einmal nicht mehr wahr. Ich lehnte mich an meine jüngere Schwester und ließ mich von ihr führen.

Im Auto meiner älteren Schwester fand ich mich wieder; auf dem Weg zu meinem jüngsten Sohn.

Das „Wir" war so wichtig. Glücklicherweise war es in unserer Familie normal, füreinander da zu sein. Alleine hätte ich es nicht geschafft, meinen anderen beiden Jungs diese Mitteilung zu überbringen. Der Schock saß zu tief in mir.

Dieser scheußliche Schmerz, der mittlerweile meinen gesamten Körper befiel, wurde immer unerträglicher. Übelkeit stieg in mir hoch. Mein Körper fühlte sich an, als wickelte mich jemand zu einer Mumie zusammen und zöge die Bandagen immer fester zu. Ich rang nach Luft.

Enrico und ich hatten alleine in unserer Wohnung gelebt. Mein ältester und mein jüngster Sohn waren bereits ausgezogen und lebten ihr eigenes Leben.

Zwölf Tage, vor diesem dritten Juli, hatten wir uns das letzte Mal gesehen, denn wir hatten uns wieder einmal wegen irgendeiner Kleinigkeit gestritten. Daraufhin hatte er seine Sachen gepackt und war zu seinem Freund gegangen. Das hatte ich damals vermutet, denn ich hatte ihn gehen lassen. Damals hatten wir es so besprochen. Es war nicht das erste Mal.

Unser Abkommen war seinerzeit, dass er bei einem Streit lieber für ein paar Tage zu seinem Freund gehen möchte, um sich dort zu beruhigen. Er wolle nicht etwas Beleidigendes zu mir sagen, was ihm später Leid täte. Ich hatte damals diese Regelung für gut empfunden, denn nachdem wir uns beide beruhigt hatten, hatten wir dann immer vernünftige Gespräche geführt.

Also hatte ich mir keine Sorgen gemacht, als Enrico gegangen war. Ich hatte ihm noch aus dem Badezimmerfenster hinterher gerufen, dass ich ihn lieb hätte. Er hatte sich nicht einmal umgedreht, sondern hatte nur abgewinkt.

Auch darüber hatte ich mir keine Gedanken gemacht, denn diese Geste war zu jener Zeit normal an ihm.
Später hatte ich meinem ältesten Sohn und meiner Schwester von unserem Streit berichtet. Beide waren der Meinung, dass er sich wieder beruhigen würde, wie sonst auch. Also war ich die Tage darauf zur Arbeit gegangen. Ich hatte mir vorgenommen mit ihm zu reden, sobald er wieder nach Hause gekommen wäre.
Da Enrico unsere Stühle für den Balkon hässlich gefunden hatte, hatte ich sie abends, nach der Arbeit, in freundlichen Farben angestrichen. Diese Beschäftigung hatte mich davon abgehalten, mir Sorgen über seinen Verbleib zu machen, denn er war

bereits über eine Woche nicht nach Hause gekommen.

Mein Ärger über den Streit war längst verflogen. Innerlich hatte ich mich schon auf seine anerkennenden Blicke gefreut, denn er hatte es immer „cool“ gefunden, wenn „seine Mommy“ für unsere Wohnung irgendetwas verändert hatte.

Natürlich hatte ich mir Gedanken darüber gemacht, dass er sich nach so vielen Tagen noch nicht gemeldete hatte, aber ich wollte ihm Zeit lassen.

Einige Monate zuvor blieb er ganze vierzehn Tage von zu Hause weg, ohne dass er sich gemeldet hatte. Als er wieder nach Hause gekommen war, hatten wir lange und ausführlich über den Vorfall gesprochen. Enrico hatte es gut von mir gefunden, dass ich mich an unsere Abmachung gehalten und ihn nicht mit meinen Anrufen „genervt“ hatte. Damals hatte er gesagt: „Cool, Mommy. Du bist meine coole Mommy.“

Das Auto stoppte und das Motorengeräusch versiegte. Wir waren da! Bei meinem jüngeren Sohn. Mit zittrigen Knien, dem stechenden Schmerz und der Übelkeit stieg ich aus dem Wagen aus. Ich musste nun meinem kleinen Sohn sagen, was passiert war.

Als ich ihm dann sagte, dass Enrico tot sei, reagierte er genauso wie ich:

„Das ist nicht wahr! Damit macht man keine Scherze. Das kann nicht sein! Was erzählst Du mir da? NEIN! Enrico? Nein!“
Er wollte es mir nicht glauben und rannte die Straße hinunter, als könne er so der Wahrheit entfliehen. Ich ließ ihm etwas Zeit sich zu sammeln. Allerdings stieg Unruhe in mir hoch, da mein ältester Sohn noch nichts von unserem Schicksal wusste.
Er sollte es auch von mir erfahren - und nicht unvorbereitet von jemandem, der es zufällig hörte.

Nach einiger Zeit sage ich: „Wir müssen jetzt los. Dein Bruder weiß es noch nicht. Ich möchte, dass er es von uns erfährt“
Ein paar Sachen wurden von ihm zusammen gepackt und wir fuhren gemeinsam unter Tränen in Richtung der Wohnung meines ältesten Sohnes.
Schluchzen und Schweigen erfüllt den Innenraum des Wagens.

Was würde ich ohne meine Schwestern tun?

Je näher wir zur Wohnung meines Sohnes kamen, umso schlechter fühle ich mich. Diese Übelkeit und dieser Schmerz in der Brust ließen mich erneut schwer nach Luft ringen. Meine Gedanken waren wirr:

Ach, der Enrico ist ja da und er kann diese Aufgabe übernehmen - Natürlich NICHT - Enrico, wo bist Du nur? Oh nein, jetzt werde ich bestimmt wahnsinnig! Ich muss mich zusammen reißen!

Es ist bestimmt gleich vorbei… Es ist nur ein böser Traum. Dann fahren wir alle nach Hause und ich koche uns etwas leckeres Was hab ich denn zum Kochen zu Hause? –
Annette, jetzt reiß Dich endlich zusammen.

Wieder stoppte der Wagen und erneut stieg ich mit zittrigen Knien aus dem Auto. Die Treppen zur Wohnungstüre meines Sohnes schienen sich vermehrt zu haben, denn der Weg kam mir unendlich lang und steil vor. Meine Beine wollten mich nicht mehr halten, doch ich riss mich extrem zusammen und konzentrierte mich darauf, meinem Sohn die schlimme Nachricht zu überbringen.

Ich klingelte, die Türe ging auf und mein Großer sah uns erschrocken an. „Was ist denn hier los?“, fragte er sehr erstaunt, denn wir vier standen unangemeldet bei ihm vor der Türe. Nachdem wir alle in seiner Küche standen, teilte ich ihm ohne Umschweife mit, dass Enrico sich das Leben genommen hatte.

Stille …

Endlich sprach mein Großer: „Das ist nicht wahr! Damit macht man keine Scherze. Das kann nicht sein! Was erzählst Du mir da? Nein! Enrico? Nein!“

Er legte dieselbe Reaktion an den Tag wie kurz zuvor mein kleiner Sohn und ich.

Fassungslosigkeit macht sich bei ihm breit und er lief durch die Wohnung. Immer wieder sagte er: „Nein, das stimmt doch gar nicht. Was hat er denn jetzt angestellt. Das darf doch wohl nicht wahr sein.“

Nach etwa einer Stunde fuhren wir gemeinsam zu mir in die leere Wohnung. Ich war froh, dass ich nicht alleine war.
Julia und Regina kamen kurz darauf auch bei mir an. Schluchzend fielen wir uns in die Arme.

An diesem Abend war es sehr warm. Als mein Blick nach draußen auf den Balkon fiel, und ich die nicht fertig gestrichenen Stühle sah, brach ich zusammen und konnte mich nicht mehr beruhigen.

Plötzlich merkte ich, wie Regina mir an die Schulter fasste. „Annette, du bist nicht schuld. Nein, hör auf damit. Es ist nicht deine Schuld.“ Sie redete auf mich ein. Der Nebel um mich war so dicht, dass ich nicht einmal bemerkte, dass ich sprach.

Ach wäre doch Enrico jetzt hier, dann würde ich mich viel besser fühlen und wir könnten alle gemeinsam draußen sitzen. Ach nein, die Stühle muss ich doch noch fertig streichen. Dann kann Enrico kommen.

Wir saßen an diesem Abend noch lange im Wohnzimmer beisammen. Ich hörte niemanden etwas sagen, denn ich verfolgte meine eigenen Gedanken.
Ich konnte einfach nicht glauben, was passiert war und fing immer wieder an zu weinen.

Ich fühlte mich einsam, obwohl meine Familie und meine Freunde um mich waren. Es war wie ein Albtraum. Wann würde ich endlich wach werden?

Ohne Dich

Und wieder ein neuer Tag ohne Dich.
es doch zu verstehen, darum kämpfe ich.
Ich kämpf darum auch ohne Dich durchzuhalten,
lerne ganz langsam die Trauer nur auszuhalten.

Versuche, einem Leben ohne Dich wieder Sinn zu geben.
Es fällt unendlich schwer das Leben, die Freude neu zu erleben.
Ohne Dich wirkt alles kalt und leer,
ohne Dich fallen Gefühle so schwer.

Und wieder ein neuer Tag ohne Dich.
Und wieder der Gang durch den Tunnel ans Licht.
Jeden Tag, der Kampf ohne Dich stark zu sein.
Jeden neuen Tag die Erkenntnis: wir müssen nun auch
Ohne Dich Sein!

Sabine Mann für ihren Stiefsohn

25.10.2005

Nicht wahr haben wollen - Gefühle und Gedanken

Selbstverständlich war meine beste Freundin sofort zur Stelle und ließ mich die darauf folgende Woche nicht mehr alleine. Ich betone ausdrücklich das Wort „selbstverständlich“, denn das war es für mich.

Ich war und bin in der glücklichen Situation, solch eine Freundin an meiner Seite zu haben. Es war sehr wichtig für mich zu wissen, dass ich nicht alleine war und auch von einer mir sehr wichtigen Person aufgefangen wurde.

Alleine ... so fühlte ich mich. Alleine ist nicht der richtige Ausdruck - ich fühlte mich einsam. So einsam, wie ich mich in meinem ganzen Leben noch nie gefühlt hatte.

Immer wieder empfand ich diese Leere in mir, die sich ständig ausbreitete. Diese Empfindung verfolgte mich, wo immer ich mich aufhielt. Schrecklich! Niemand konnte mich davor retten - am allerwenigsten ich mich selbst.

Obwohl Regina immer in meiner Nähe war, änderte sich das Gefühl der Einsamkeit nicht. Sie war da und beobachtete mich. Sie wägte ab, ob sie durch Gespräche eingreifen musste oder mich gewähren lassen konnte. Dass sie das tat, war mir jedoch zu jenem Zeitpunkt nicht bewusst.

Das kann nicht sein! Er kommt gleich wieder zurück, denn ich habe die Stühle gestrichen, die er immer so scheußlich fand. Noch nicht ganz fertig, aber jetzt sind sie schön bunt und er freut sich doch darauf, mit mir zu grillen. Wir müssen doch auch noch über das Fußballspiel reden. Er würde mir so was NIE antun.

Eine Mutter hat nicht ihren Sohn zu überleben- das ist nicht normal. Er kommt gleich nach Hause und es ist alles gut. Ich werde auch nicht schimpfen! Versprochen!

Ich setzte mich in die Küche auf einen Stuhl
und wartete ... und wartete ... und wartete ...
und wartete ... und wartete ... und wartete ...
Auf was? – Ich wusste es nicht.
Aber ich wartete stundenlang in unserer / meiner Küche.

In meinem Besitz befindet sich eine orangefarbene, rechteckige, metallene Teedose mit festem Deckel. Diese Teedose stand immer auf einem der Hängeschränke in der Küche. Mein Blick war sehr oft auf diese Dose gerichtet. Nach einiger Zeit nahm ich sie vom Schrank und fing an, den Inhalt meiner Teedose, zu sortieren.

Ich sortierte nach Geschmack. Dann sortierte ich nach hellen und nach dunklen Farben. Und dann wiederum nach anderen dunklen Farben. Oder auch nach Teebeutelgröße. Regina sah mir zu und ließ mich gewähren, denn ich war mit irgendetwas beschäftigt.

Irgendwie muss doch die Zeit verstreichen, bis dieses abscheuliche Gefühl wieder verschwindet.

Wann verschwindet dieses schreckliche Gefühl? Was kann ich tun, damit es mir besser geht?

Wie lange muss ich noch leiden? Hört es irgendwann mal auf? Ich glaube nicht. Oh Gott, was hast Du mir da angetan? Du bist an allem Schuld. Du hast zugelassen, dass Enrico mich verlassen hat. Ich bin total sauer auf Dich. Wütend und … Ach ich weiß nicht, was noch alles.

Was ich Gott im Einzelnen vorwarf, weiß ich heute nicht mehr, allerdings wollte ich nie mehr etwas von ihm wissen. Ich war wütend auf ihn und fühlte mich verlassen und kraftlos.

Die ersten drei Tage betrat ich Enricos Zimmer nicht. Mir fehlten die Kraft und der Mut dazu. Regina meinte, sie würde auch mit mir gehen, wenn ich das wollte. Sie drängte mich zu keiner Handlung, achtete dennoch stets darauf, dass ich nie alleine war. Regina hatte Angst um mich, was sie mir allerdings nicht zeigte.

Nach dem dritten Tag wollte ich Enricos Zimmer das erste Mal betreten. „Ich möchte alleine ins Zimmer gehen." Regina sah mich fragend an. „Mach dir bitte keine Sorgen. Du kannst ja, wenn es dich beruhigt, in zehn Minuten nach mir sehen!" sagte ich zu ihr. Schweigend nickte sie zustimmend.

So begab ich mich in die obere Etage in Richtung seines Zimmers. Herzklopfen und Furcht begleiteten mich.
Am ganzen Körper zitternd öffnete ich das erste Mal Enricos Zimmertüre und sah vorsichtig hinein. Eine absolute Leere und ein ganz dicken Nebelschwarm breiteten sich in mir und um mich aus. Meine Knie zitterten so heftig, dass ich mich sofort auf sein Bett setzen musste, um nicht umzufallen.
Sein Zimmer war noch genau so, wie er es verlassen hatte. Selbst seine getragene Wäsche lag unordentlich auf seinem Bett verteilt. Es sah aus, als käme er jeden Moment wieder zurück.

Tränen rannen über mein Gesicht. Ich versuchte seinen Geruch in mir aufzunehmen, was mir jedoch nicht gelang, denn ich schluchzte zu heftig.

Ach Enrico … Wo bist Du? Was machst Du?

Gedankenlos saß ich auf seinem Bett. Ich wollte mit meinen Augen all das sehen, was er die ganzen Jahre sah, sobald er sich in seinem Zimmer aufhielt.
Nach einiger Zeit öffnete Regina leise die Türe und blicke vorsichtig hinein. Sie sah mich an, nickte mir zu und zog sich wieder behutsam zurück.

Mechanisch fing ich an, Enricos Kleidung zu sortieren. Er wollte nie, dass ich sein Zimmer aufräumte. Diese Arbeit wolle er mir nicht antun, so sagte er immer zu mir. Jetzt aber war er nicht hier, um Ordnung zu schaffen.

Nach einigen Minuten begab ich mich, mit seiner Kleidung in der Hand, zurück ins Wohnzimmer. Völlig aufgelöst und Tränen überströmt setzte ich mich zu Regina auf das Sofa. Wir schwiegen und weinten gemeinsam.

Später am Abend unterhielten wir uns lange über meine Gefühle. Es war keine richtige Unterhaltung, denn nur ich redete und weinte. Regina saß einfach da und hörte mir zu. Ab und an nahm sie mich in ihre Arme. Ihre Nähe tat mir gut, denn sie war und ist eine sehr gute Zuhörerin.

Ich beschloss für den nächsten Tag Enricos Zimmer aufzuräumen.

Er soll sich freuen, wenn er wieder zurückkommt.

Zu Beginn beeilte ich mich sehr, denn in meiner Phantasie könnte er jeden Moment in der Türe stehen. Ich stellte mir sogar vor, wie er reagieren würde. Vielleicht schämte er sich sogar für einige Dinge, die ich in seinem Zimmer fand. Ich nahm mir jedoch vor, seine Scham zu ignorieren, sodass er sich gut fühlen würde, wenn er nach Hause käme.

Ich nehme Dich einfach in den Arm und bekomme eine „Enrico-Umarmung" von Dir. Dann setzen wir uns hin und reden über alles. Es wird schon wieder werden …

Mein Flippy! Es gibt nichts, was so schlimm wäre, dass wir zwei nicht darüber reden könnten.

Erneut fing ich an zu weinen. Meine anfängliche Schnelligkeit ließ nach einigen Stunden nach. Ich hielt inne und sah mich in seinem Zimmer um. Dann nahm ich jedes Teil, was ich erblickte, in die Hand und betrachtete es sehr aufmerksam.

Was suchst Du hier, Annette? Eine Antwort wirst Du hier nicht finden. Oder doch? Warum sind hier so wenig persönliche Sachen? Was hat Enrico getan? Ach, er wird es mir bestimmt gleich erklären.

So sehr ich es mir auch wünschte und wartete, Enrico kam nicht wieder zurück..! Was für eine Qual!
Regina war bei mir und hielt wie selbstverständlich den Haushalt in Ordnung. Ich war ihr sehr dankbar dafür. Obwohl sie für uns schmackhafte Mahlzeiten zubereitete, wollte ich nichts essen.

Ich habe jetzt drei Tage (oder waren es vier oder fünf?) nichts gegessen, damit Enrico wieder zurückkommt. Er hat ja auch gelitten, dann kann ich als Mutter wohl dieses kleine Opfer bringen, indem ich nichts esse.

Es fällt mir nicht schwer, denn ich brauche nichts essen. Wenn ich nur lange genug warte, dann ist Enrico bestimmt wieder da. Er würde mir so etwas nie antun und einfach weg gehen. Ich halte das schon aus.

Meine Mum erschien täglich bei mir. In einem der Gespräche, die wir führten, erinnerte sie mich daran, dass ich früher regelmäßig Tagebuch geführt hatte. Ich könne doch mal darüber nachdenken und meinen Kummer, den ich nicht erzählen wollte, niederschreiben. „Es ist nur ein Vorschlag", meinte sie etwas unsicher. An ihrem Gesichtsausdruck merkte ich, dass sie sich sehr große Sorgen um mich machte.

Irgendwie hat sie ja Recht. Ich habe meinem Enrico noch so viel zu sagen, aber er ist nicht mehr da. Ich schreibe ihm einfach einen Brief und tue so, als sei er noch hier. Vielleicht hilft es mir.

So schrieb ich ihm, mitten in seinem Zimmer hockend, den ersten Brief. Mit jedem Wort, das ich schrieb, merkte ich, dass der Schmerz in meiner Brust erträglicher wurde. Er verwandelte sich in erlösende Tränen. Nach einigen Zeilen war mein Blatt bereits durchgeweicht, was mir in dem Moment völlig gleichgültig war, denn meine Tränen gehörten zu diesem Brief.

Als ich spürte, dass sich Erleichterung bei mir ausbreitete, beschloss ich weiter zu schreiben. Alles, was mir in den Sinn kam, schrieb ich nieder. Ich legte mir in jedes Zimmer der Wohnung ein Schreibheft oder einfach nur Papier mit einem Stift zurecht, um nicht erst nach Schreibutensilien suchen zu müssen.

Meinen ersten Brief an Enrico brachte ich einige Wochen später zum Grab.
Da Enrico anonym beerdigt wurde, erhielt er kein Grab im klassischen Sinne, sondern wurde auf einer Friedwiese für anonyme Beerdigungen beerdigt. An diesem Ort darf kein Grabstein aufgestellt werden.

Ich grub ein tiefes Loch, so dass ich den verschlossenen Umschlag ganz nah an Enricos Sarg legen konnte. Selbst seinen Lieblingsstein legte ich in diese Kuhle. Nachdem ich das Loch wieder zuschüttete, spürte ich die erste positive Wandlung in mir.

Tipps für die ersten Tage

An dieser Stelle möchte ich Dir gerne meine eigenen Erfahrungen weiter geben. Vielleicht hast Du bereits in den vorigen Kapiteln gelesen, wie ich mich fühlte. Es gab einige Dinge und Situationen, die mir halfen, um die ersten Tage und Wochen zu überstehen. Vielleicht kann ich Dir mit dem einen oder anderen Tipp behilflich sein um Deine Seele ein kleines Stückchen zu heilen.

Dies sind natürlich keine „Allheilmittel". Und auch keine absoluten Lösungen. Seitens meiner Familie und meiner Freunde fand ich Hilfe und Anregungen, die mir das Leben etwas erträglicher machten.

Du darfst weinen und zulassen, dass Du traurig bist.
Wenn Du traurig bist und weinen möchtest, dann weine. Du bist Du und Du lebst in Dir. Lasse zu, dass Du traurig oder gar wütend bist, denn dieses Gefühl der Wut muss raus. Falls Du so tust, als könntest Du alles so hinnehmen und Du seiest stark für jeden und alles, staut sich nach einiger Zeit eine unbändige Wut in Dir.
Du musst nicht stark sein!

Wenn Du möchtest, dann schreibe einen Brief an Deinen geliebten Menschen.
Es kann sein, dass Du Dich freier fühlst, von dem Moment an, in dem Du schreibst. Du kannst Deinem lieben Angehörigen all die Fragen stellen, die noch offen sind.
Du darfst all das nieder schreiben, was Dir auf dem Herzen liegt. Es gibt hier kein „richtig“ oder „falsch“. Es ist nicht notwendig, dass Du zusammenhängende Sätze schreibst. Einzelne Worte genügen ebenso.

Jedoch macht es einen Unterschied, ob Du am Computer schreibst, oder direkt mit einem Stift auf ein Blatt Papier. Meine Freundin Sabine empfand beides als hilfreich, je nach Gemütsverfassung.

Ich habe die Erfahrung gemacht, sobald ich zum Stift griff und meine Gedanken zu Papier brachte, fühlte es sich an, als fließe der Schmerz durch den Stift aus meinem Herzen auf das Blatt Papier heraus.

Du kannst Sport treiben. Eventuell mit einer Person Deines Vertrauens. Alternativ dazu kannst Du spazieren gehen - vielleicht hast Du eine Person, die Dich begleitet.
Es ist wichtig, dass Dein Körper bewegt wird und Du Sauerstoff tankst. Je intensiver Du Dich bewegst, umso freier wird Dein Kopf, bzw. Dein Geist. Jede Sportart, die Dir liegt, ist gut für Dich. Vielleicht hast Du einen lieben Menschen, der Dich begleitet.
Selbst Deine Kopfschmerzen vom Weinen können nach einem ausgiebigen Spaziergang weniger werden.

Rede viel mit anderen Menschen über Deine Gefühle.
Reden ist sehr wichtig!
Wenn ich „niemandem auf die Nerven gehen wollte", rief ich die Telefonseelsorge an. Nur um zu reden. So habe ich bei mir festgestellt, dass, je öfter ich mich über meinen Schmerz habe reden hören, er von Mal zu Mal erträglicher wurde. Anfänglich fiel mir nicht auf, dass mein Schmerz weniger wurde, aber nach und nach spürte ich, meine Tränenflut wurde immer etwas kleiner.
Das lag nicht daran, dass ich mich absichtlich zusammenriss, sondern, dass ich mich sprechen hörte. Das gesprochene Wort mit eigenen Ohren zu hören bewirkte in mir, dass meine Worte nicht mehr so bedrohlich auf mich wirkten.

Wenn Du möchtest, lege eine Gedenk-Kiste an.
Meine Schwester gab mir eine liebevoll bezogene Kiste, in der sie ein Bild von Enrico innen in den Deckel klebte. Dieses Bild hätte ich allerdings jederzeit entfernen können.

Meine Kiste füllte ich mit Gegenständen, die mich an Enrico erinnerten. Zum Beispiel befindet sich sein Portemonnaie mit Inhalt darin. Zeitungsausschnitte, Steine, Handyhalter usw.
Immer, wenn mir danach war, setzte ich die Kiste auf meinen Schoß, öffnete sie, betrachtete den Inhalt und schwelgte in Erinnerungen. Sehr oft fing ich an zu weinen und die Gegenstände vor meinen Augen verschwammen mit den Tränen.

In diesen Momenten war mir Enrico wieder sehr nahe - näher als auf dem Foto, das ich oft betrachtete.

Diese Kiste nahm ich überall mit hin, selbst wenn ich nur für ein paar Tage bei Freunden übernachtete. So war mir Enrico immer nahe, denn ich brauchte in dieser Zeit seine Nähe ganz besonders.

Heute steht meine Gedenkkiste immer noch in meinem Wohnzimmer. Sie ist an einer Seite etwas ausgeblichen, denn meine Schwester verkleidete sie mit einem schönen blauen Geschenkpapier.
Dieses Geschenkpapier ist nicht lichtecht. Die ausgeblichene Seite zeigt mir, dass viel Zeit verstrichen ist, seid Enrico ging.

Falls Du Dir auch eine Gedenkkiste zulegen möchtest, kannst Du sie etappenweise befüllen oder auch mit einmal, mit Gegenständen, die Dich an Deinen lieben Verstorbenen erinnern. Diese Gegenstände kannst Du, wann immer Du möchtest, austauschen. Oder Du lässt sie in der Kiste liegen. Hole sie zum Anfassen heraus, wann immer Dir danach ist. Die Berührungen werden Dir bestimmt gut tun, so wie sie mir auch gut taten.

Wahrnehmungen

Was wir fühlen und sehen ist immer subjektiv.

Meine Wahrnehmungen haben sich seit dem Schock, den ich erlitt, sehr verändert und spielten mir anfänglich oftmals einen Streich.

Einige Monate nach dem Suizid von Enrico, traf ich mich mit meiner Freundin Regina. Wir nahmen uns beide ein ganzes Wochenende frei, um uns zu unterhalten. Natürlich sprachen wir in erster Linie über den Tag, der unser Leben veränderte. Ich erfuhr, dass es an diesem Tag eine bestimmte Situation gab, die ich völlig anders empfand, als sie sich in der Realität zutrug.

Ich empfand die Situation folgendermaßen:
Regina kam auf mich zu, nahm mich in den Arm und flüsterte mir ins Ohr: „Nein, Annette, du bist nicht schuld."

Die Situation trug sich allerdings völlig anders zu:
Ich ging auf Regina zu, weinte und sagte: „Oh Regina, ich bin an allem Schuld." Regina nahm mich in den Arm. Als ich meine Worte wiederholte, schüttelt sie mich kräftig und sagt mehrmals laut zu mir: „Nein Annette, du bist nicht Schuld. Du bist es ganz und gar nicht. Enrico hat es für sich entschieden. Nein, hörst du mir zu? Du bist nicht Schuld."

Mir war nicht bewusst, dass ich auf Regina zuging und mir die Schuld gab. Auch nahm ich nicht wahr, dass Regina mich schüttelte. Julia, meine andere Freundin und meine Söhne bestätigten genau das, was Regina mir sagte. Dies zeigte mir, dass meine Wahrnehmung anfänglich völlig eingeschränkt war. Bis heute kann ich mich nicht mehr daran erinnern.

Oft, besonders in der ersten Zeit, war mir, als höre ich meinen Enrico zu mir sprechen. Selbst seine Anwesenheit meinte ich häufig zu spüren. Mir war oft, als hechtet er kurz hinter mir die Treppe hoch, um mich zu überholen.
Das tat er früher sehr gerne und hatte dabei jedes Mal gelacht. Ich drehte mich erschrocken herum und bemerkte, dass niemand anwesend war. Obwohl ich alleine war, spürte ich Enricos Nähe.

In den Momenten, in denen ich Enrico spürte, redete ich mit ihm und fühlte mich innerlich sehr ruhig. Du kannst Dir bestimmt vorstellen, wie es aussah, wenn mich jemand beobachtet hätte. Allerdings war und ist es mir gleichgültig, was die anderen Menschen denken.

Die Nähe von meinem Enrico zu spüren, beruhigte mich sehr. Auch heute noch rede ich gerne mit ihm, denn ich glaube daran, dass er manchmal um mich ist. Diesen Glauben lasse ich mir von niemandem nehmen. Auch habe ich ab und an das Gefühl, dass er auf mich aufpasst. Dieses Gefühl der Geborgenheit gab und gibt mir die Kraft, weiter zu leben.

Falls es Dir auch so ergeht, ist es völlig normal. Zweifele nicht an Dir oder an Deinem Verstand. Alles, was Dir ein gutes Gefühl gibt, halte fest.

Der Wunschgedanke, dass all das, was Dir widerfahren ist, nicht wahr sein kann, ist in den ersten Tagen sehr, sehr groß. Es kann sich sogar zu späteren Zeitpunkten wiederholen.
Durch verschiedene Unterhaltungen mit anderen Suizidhinterbliebenen stellte ich fest, dass es ihnen auch so erging, wie mir.

Du fängst vielleicht an, Dinge zu tun, die keinen Sinn ergeben, denn in Deinen Augen hat der Suizid Deines lieben Menschen auch keinen Sinn.

Nebel kann Dich immer wieder umgeben und Du siehst vielleicht kein Ende. Aber auch diese Situation wird sich ändern. Alles braucht seine Zeit.
Schuldgefühle und dieses „Warum“ machen sich in dieser Zeit auch sehr gerne breit. Auch wenn Du es nicht möchtest. Darauf komme ich in anderen Kapiteln noch einmal ausführlich zu sprechen.
(Die Kapitel „Das große Warum ...?!“ und „Schuld“)
Dein Gehirn nimmt nur das wahr, was es wahrnehmen kann und wahrnehmen will. Der Schock hat unsere Sinne sehr verändert.

In unregelmäßigen Abständen hörte ich das Geräusch eines Schlüssels im Türschloss und wartete auf die Worte von Enrico: „Ich bin dahaa! Wer noch?“

Dass ich Enricos Stimme hörte, bereitete mir zeitweise große Angst. Daher sprach ich mit anderen Betroffenen aus meiner Trauergruppe darüber. Ich wollte nicht als „verrückt“ dargestellt werden. So hoffte ich, dass mich die Menschen aus der Trauergruppe verstehen. Dem war auch so. Es ging ihnen sogar ähnlich wie mir.
Daraus folgerte ich, dass auch das normal sei, wie einige andere Dinge auch.

Du wirst vielleicht feststellen, dass Deine Vergesslichkeit auf einmal größer wird. Auch bei mir war es genau so. Ich gebe Dir hier nur einige Beispiele von mir: Ich vergaß z.B., wo ich den Schlüssel hinlegte, den ich kurz zuvor noch in der Hand hielt. Ich suchte ihn verzweifelt, bis ich feststellte, er befand sich immer noch in meiner Hand.
Ein anderes Beispiel:
Ich suchte das Telefon, obwohl ich in dem Moment telefonierte.

Diese „banale“ Suche nach dem Schlüssel oder die Situation mit dem Telefon, brachten mich erneut zum Weinen. Unkontrollierte Wutausbrüche, die mir bis zu dem Zeitpunkt unbekannt waren, waren jedoch in diesen Situationen normal. Ich hatte mich diesbezüglich bei meinem Therapeuten erkundigt, denn ich bekam Angst vor mir selber.

Es gibt viele Beispiele, die ich hier nicht alle aufzählen kann, denn sie sind so individuell, wie die unterschiedlichen Situationen.

Wichtige Termine, die ich auf zwei verschiedene Kalender schrieb, um sie wahrzunehmen, vergaß ich trotz alle dem. Dass ich den Termin verpasste, fiel mir allerdings einige Tage darauf erst auf und ich fing erneut an zu weinen. Ich fühlte mich von mir verlassen.

Oftmals verlor ich die Fassung, denn ich wusste in diesen Momenten wieder einmal nicht, wo die Zeit geblieben war und ich erlebte mein Leben wieder wie im dicksten Nebel. Ich fühlte mich allein gelassen - ganz besonders von mir. Ich war verzweifelt.

Eines Tages sperrte ich mich unbewusst in meine Wohnung ein und verlegte überdies den Schlüssel. Als ich später am Abend die Wohnung verlassen wollte, bemerkte ich, dass sich die Türe nicht öffnen ließ. Hitze stieg in mir hoch und ich verfiel sofort in Panik. Für einen Bruchteil einer Sekunde dachte ich, Enrico hätte die Türe aus Spaß von außen zu gehalten, so wie er es zu seinen Lebzeiten recht gerne getan hatte. Er hatte sich damals einen Spaß daraus gemacht.

Mein Herz raste.
„Er ist ja wieder da“ dachte ich und zog an der Türe in voller Hoffnung, Enrico stünde auf der anderen Seite der Wohnungstüre. Dann fiel mir jedoch ein, dass dies gar nicht sein konnte und ich fing abermals heftig an zu weinen. Nachdem ich mich etwas beruhigte, fiel mir zu meiner großen Erleichterung ein, an welchem Ort sich der Schlüssel befand.

Aufschließen wollte ich erst gar nicht, denn ich genoss das Gefühl, Enrico sei wieder da.

Alles ist wieder gut...

Wochen später wollte ich einkaufen gehen. Als ich auf die Straße trat, stockte mein Herz. Ich sah auf einmal Enrico. Er ging unmittelbar vor mir.

Das kann doch nicht sein, oder? Es war doch nur alles ein Albtraum.

Ich rief ihm laut zu und er drehte sich zu mir um.

Es war nicht mein Enrico.
Der junge Mann vor mir sah mich unsicher an, denn er wusste nicht, was ich von ihm wollte.
Ich entschuldigte mich mit einem Kloß im Hals, drehte mich um und ging auf direktem Wege wieder nach Hause.

Sobald ich die Wohnungstüre öffnete, schossen mir wieder Tränen in die Augen und ich war unfähig an diesem Tage noch einmal hinaus auf die Straße zu gehen. Ich zweifelte erneut an mir und an meinen Verstand.

Auch das sei normal, meinte mein Therapeut, den ich bereits einige Male kontaktierte, am nächsten Tag zu mir. Meine Hoffnungen, dass Enrico noch leben würde, projizierte ich auf meine Umwelt.

Ich sah Enrico, ich hörte Enrico, ich roch Enrico, ich spürte seine *Anwesenheit*.

Dies sind nur einige Auszüge aus meinem Leben nach Enricos Tod. Es gab noch viel mehr Situationen, die ich hier nicht niederschreiben möchte, da sie sich alle ähneln. Ich bin mir sicher, dass Du ähnliche Situationen in Deinem Leben nach dem Suizid des geliebten Menschen erlebtest.

Deine Wahrnehmung ist stärker eingeschränkt, als Du es vermutest. Das ist normal in Deiner Situation, also sei bitte nicht zu streng mit Dir und Deinen Mitmenschen. Aufgrund der eingeschränkten Wahrnehmung reagierst Du auch dementsprechend fremd auf Deine Umwelt. Daraus resultiert, dass Deine Mitmenschen sich in Deinen Augen seltsam verhalten.

In einer Unterhaltung verstehst Du den Sinn nicht, was Dein Gegenüber Dir mitteilen möchte. Sogar nach mehrmaligem Nachfragen ist Dir immer noch nicht klar, was Dir gesagt wurde. Du hast also Deine Auffassungsgabe in dem Moment verloren. Deine Mitmenschen wissen mit Deiner Reaktion nicht richtig umzugehen und reagieren in Deinen Augen wiederum total absurd. Es könnte zu großen Missverständnissen bis hin zum Streit untereinander kommen.

Damit es erst gar nicht so weit kommt, frage einfach noch einmal nach, ob Du das Eine oder Andere auch richtig verstanden hast. Falls Du Dir unsicher bist, scheue Dich nicht zuzugeben, dass Du es immer noch nicht verstanden hast und bitte einfach noch einmal um Verständnis.

Ich möchte nicht damit sagen, dass Du alles falsch verstehst, aber es ist schwer, Deine Umwelt richtig wahrzunehmen. Die Realität scheint für Dich ein Stück weit entfernt zu sein.

In dem Zusammenhang „Wahrnehmung“ hat meine Freundin Sabine vor einigen Jahren ein treffendes Gedicht geschrieben:

Bilder, Momente

…wie du dich an deinen Vater drückst.
Bist du weg? Nein, ich sehe dich doch!

…wie wir zum Computer stürzen, jeder will der Erste sein.
Sitze ich allein? Nein, ich sehe dich doch!

…wie du stundenlang mit Bonny (Hund) spielst,
sie kann kaum noch, ich stoppe euch.
Spielt sie allein? Nein, ich sehe dich doch!

…wie du genüsslich mein Essen verdrückst.
Bleibt es nun unberührt? Nein, ich sehe dich doch!

…wie du erzählst und mit uns lachst.
Lacht jetzt wirklich Keiner mehr? Nein, ich höre dich doch!

…euer lautes Kichern aus Thomas Raum.
Ist er allein? Nein, er sieht dich doch, es war kein Traum!

Du bist nicht mehr da? Du bist es doch!
Berührungen, die ich vermisse, aber ich spüre dich doch!

Bilder, Momente … Erinnerungen!

Ich halte dich fest und nehme dich mit, wohin ich gehe, du bist dabei.
In meinem Herzen.
Ich sehe dich doch!

22.12.05
Sabine Mann für ihren Stiefsohn

Freunde und Familie

Regina ist meine innigste Freundin. Sie kam sofort zu mir und blieb für eine Woche bei mir. Sie war da und ließ mich nicht alleine. Ich fühlte ihre Anteilnahme und auch ihre Kraft und Stärke.

Wir kennen uns 26 Jahre. Sie kannte meine Kinder bereits seit deren Geburt. Wir haben viele Höhen und Tiefen gemeinsam durchlebt. Allerdings war diese Situation für uns beide völlig fremd. Ich bin dankbar mit ihr befreundet zu sein.

Im Laufe der Recherche meines ersten Buches stellte ich fest, dass Regina intuitiv alles „richtig“ machte, um mir beizustehen und mich zu trösten. Regina reagierte „aus dem Bauch heraus“ - wie sie es später treffend formulierte.

Bis zum 3. Juli 2008 hatte sie sich natürlich noch nie Gedanken darüber gemacht, wie sie reagieren würde, wenn solch eine Situation einmal einträfe. Kein Mensch käme auf die Idee den „Notfall“ zu üben. Es sei denn, dieser Mensch beschäftigt sich aus beruflichen Gründen mit dem Thema Tod und Trauerbegleitung.

Es ist sehr viel Wert in den ersten Momenten und in den darauf folgenden Tagen, einen Menschen um sich zu haben, der einfach nur da ist. Ohne Fragen zu stellen oder etwas „Unmögliches“ zu verlangen. Sie zwang mich zu nichts.

Regina passte auf mich auf, indem sie mich und meine Aktionen beobachtete. Wir weinten zusammen und redeten oder schwiegen gemeinsam. An unsere Tagesabläufe erinnere ich mich im Einzelnen jetzt nicht mehr so genau. Jedoch empfand ich die Tage im Nachhinein als sehr angenehm, denn Regina war die ganze Zeit bei mir und ließ mich niemals alleine.

Morgens standen wir gemeinsam auf. Ganz gleich, zu welcher Uhrzeit ich wach wurde, Regina begann mit mir gemeinsam den Tag. Sobald ich ins Bett gehen wollte, folgte sie mir ins Zimmer, setzte sich zu mir und wartete, bis ich einschlief.

Regina führte den Haushalt und kochte für uns. Sie kümmerte sich um all die Dinge, die ich normalerweise verrichtet hätte. Ich konnte mich ganz und gar auf sie verlassen.

Julia, meine andere Freundin, und Patentante meines ältesten Sohnes, erschien natürlich auch sofort bei mir, nachdem sie die Nachricht von meiner Schwester erhielt. Sie blieb zwar nicht über Nacht, jedoch meldete sie sich jeden Tag telefonisch bei mir. Sobald ich sie um Hilfe bat, war sie sofort zur Stelle.

Als sie sich einen Tag einmal nicht meldete, machte ich mir Gedanken, ob ich ihr vielleicht nicht mehr wichtig sei. Ich war sehr sensibel und zweifelte oft an mir selbst.

Meine afrikanische Freundin Mary aus England rief sehr häufig an und schickte einige Male ihre Freunde zu mir, um nach mir sehen zu lassen. Sie konnte auf Grund der Entfernung nicht sofort selbst zu mir kommen.

Doch drei Monate nach Enricos Tod kam sie für drei Tage aus England um persönlich nach mir zu sehen. In dieser Zeit sollte das „Grab" von Enrico eingeebnet werden. Bis zu diesem Zeitpunkt bedeckte ein Erdhügel die Stelle, an der Enrico beerdigt ist.

Viele Blumen, Gestecke und kleine Geschenke zierten das „Grab". Eine Tic-Tac Dose mit orangefarbenen Bonbons befand sich auch auf dem Erdhügel. Es waren Enricos Lieblingsbonbons. Daran konnte ich erkennen, dass Enrico für viele Menschen wichtig war. An dem Tag der Einebnung befanden sich Mary und mein jüngster Sohn an meiner Seite.

Ich vergrub an der Grabstelle den Brief, den ich einige Monate zuvor an Enrico geschrieben hatte. Auch mein jüngster Sohn hatte einen Brief an seinen Bruder geschrieben und legte ihn dazu. Wir waren beide sehr froh, dass Mary an diesem Tag bei uns in Deutschland war.

So konnte sie uns zum Friedhof begleiten. Das gab mir wieder ein wenig Kraft, denn ich fühlte mich in der Zeit sehr schlapp und erschöpft. Ihre Anwesenheit und die innigen Gespräche mit ihr zeigten mir, dass ich wichtig für sie war. Sie gab mir Zuversicht.

Meine Mum kam mich regelmäßig besuchen. Auch saß sie manche Tage einfach nur bei mir und trank schweigend Tee mit mir. In den ersten Wochen weinten, sprachen oder schwiegen wir gemeinsam.

Das Wichtigste für mich war, ihre Gegenwart zu spüren. Wenn sie aus irgendeinem Grunde nicht zu mir kommen konnte, rief sie mich an und wir sprachen am Telefon miteinander. Sie schrieb mir täglich eine E-Mail, weil sie wusste, dass ich jeden Tag am Computer saß. Die Gespräche, die wir miteinander führten, waren sehr innig und wertvoll für uns beide. Denn auch sie litt unter dem Verlust ihres Enkelsohns.

Es flossen viele liebevolle Worte, von Mutter zu Tochter bzw. von Mutter zu Mutter. Der herzliche Gedankenaustausch mit ihr bewirkte, dass ich über unsere Gespräche noch lange nachdachte.

Auch besuchten mich meine beiden Schwestern fast täglich. Einen Tag kam die Ältere, einen anderen Tag die Jüngere. So, wie ihre Zeit es zuließ. Wir gingen oft im Wald spazieren und redeten viel miteinander.

Meine jüngste Schwester überzeugte mich davon, dass Sport mir gut tun würde. Sie schlug mir vor regelmäßig gemeinsam zum Frauensport zu gehen.

Mir war zu diesem Zeitpunkt alles völlig gleichgültig. Meine Gedanken waren:

„Wenn sie meint, dass das gut ist für mich, dann mach ich es mal. Mir völlig egal. Schlimmer kann ich mich nicht fühlen."

Ich sagte zu und meine Schwester holte mich zwei bis dreimal die Woche ab, um mit mir Sport zu treiben. Zu Beginn war ich skeptisch. Jedoch gab mir diese Regelmäßigkeit ein Stück Sicherheit und auch Geborgenheit zurück. Das baute mich wieder ein wenig auf.

Mir war anfänglich nicht bewusst, wie gut mir der Sport tun könnte. Es war nicht nur der Sport, es war das regelmäßige Zusammensein mit meiner Schwester. Daraus resultierten viele und wertvolle Gespräche.

Als ich merkte, dass es mir körperlich besser ging, fuhr ich noch zusätzlich mit meiner älteren Schwester einmal in der Woche zum Schwimmen. Die körperlichen Anstrengungen bewirkten bei mir, dass mein Kopf freier von plagenden Gedanken wurde. Auch ließen meine andauernden Kopfschmerzen nach.

Beide Schwestern baten mich ab und an um meine Hilfe - z.B. Kleidung ändern. Ich konnte etwas Sinnvolles für sie tun. Da ich zu der Zeit keine Arbeit hatte, sorgten sie dafür, dass ich mir nicht nutzlos vorkam.

Unser Pfarrer war auch sofort für mich da. Meine ältere Schwester ließ ihn wissen, dass ich ihn dringend benötigte. Er hatte Enrico damals konfirmiert und kannte ihn dadurch persönlich sehr gut. Unser Pfarrer nahm sich viel Zeit für mich und meine Tränen. Wir führten mehrere aufbauende Gespräche.

Da Enrico bereits von der Stadt anonym beerdigt wurde, gestaltete der Pfarrer gemeinsam mit meiner älteren Schwester und mir einen Verabschiedungs-Gottesdienst. Sie unterstützte mich bei den Vorbereitungen. Der Pfarrer ging auf alle meine Wünsche ein und setzte sie im Gottesdienst um.

So hörten wir nach einer kurzen Ansprache das Lied „*On Top*" von der Gruppe „*Cool Savas*". Es war und ist das ganz spezielle Lied von Enrico und mir. Früher hatte Enrico zu mir gesagt: „Mum, hör dir den Song mal an. Wenn ich singen könnte, dann würde ich dir dieses Lied singen. Und an Stelle von „my man" würde ich „my mum" singen. Der Song wird für immer unser Song sein. Ja?"

Als ich dieses Lied im Gemeindesaal aus den Lautsprecherboxen hörte, liefen meine Tränen und ich konnte mich gar nicht mehr beruhigen.

Danach folgte ein kurzes Gebet.
Meine ältere Schwester entwarf, aus Bildern von Enrico eine DVD. Sie war mit Musik untermalt. Diese DVD konnten wir uns im Gottesdienst ansehen. Es

waren Bilder von Enricos Geburt bis hin zu seinen letzten Tagen.

Dass alle Trauernden herzzerreißend weinten, brauche ich hier bestimmt nicht zu erwähnen.
Der Verabschiedungs-Gottesdienst endete mit dem Gang zum Friedhof und es schmerzte mich wieder sehr, dass Enrico kein „echtes Grab“ hatte. Noch schlimmer empfand ich den Gedanken, dass mein Sohn, den ich geboren hatte, ohne mich beerdigt wurde.

Einige Wochen später lud mich unser Pfarrer zu einer Trauergruppe ein. Nach intensiven Überlegungen fasste ich den Entschluss, mich dort auch mal blicken zu lassen. Es kostete mich jedoch große Überwindung.

Obwohl ich die einzige Suizidhinterbliebene war, fühlte ich mich dennoch gut aufgehoben. Die Gespräche mit den anderen Hinterbliebenen halfen mir in vielerlei Hinsicht. Auch gab mir die Gemeinschaft unter Gleichgesinnten Halt und Zuversicht.
Freunde aus meiner Umgebung und Freunde von Enrico kamen, um nach mir zu sehen. Wir redeten und weinten gemeinsam. Ich konnte erkennen, dass einige von ihnen unsicher waren, denn sie wussten nicht genau, was sie sagen sollten. Aber das hielt sie nicht davon ab, mich trotzdem zu besuchen.

Sie kamen auch ein zweites oder drittes Mal. Dies gab mir wiederum ein sehr gutes Gefühl. Auch wenn meine guten Gefühle nicht lange anhielten, denn sobald sie meine Wohnung verließen, überfielen mich wieder die Traurigkeit, die Einsamkeit und diese riesengroße Leere.

Die Enttäuschung darüber, dass sich einige Menschen nicht bei mir meldeten, war sehr groß. Ich war verletzt und hatte keine Kraft, für diese Menschen Verständnis zu haben. So brach der Kontakt vollends ab. In dieser Zeit kristallisierten sich die „echten“ und „unechten“ Freunde heraus.

Im Großen und Ganzen war ich umgeben von vielen lieben Menschen. Das zeigte mir, dass ich wichtig war. Ich selbst war mir eine sehr lange Zeit unwichtig.

Zu meiner Situation sei noch zu sagen, dass ich alleinerziehend war und keinen Partner an meiner Seite hatte. Diese Tatsache nahm ich zum Anlass mir noch mehr die Schuld an dem Suizid meines Sohnes zu geben.
Jetzt im Nachhinein weiß ich, dass ich die intensive Trauerphase nicht so gut überstanden hätte, wenn ich meine Familie und meine Freunde in der schweren Zeit nicht gehabt hätte. Sie alle standen mir uneingeschränkt zur Seite.

Forschen um zu realisieren - Enricos Zimmer

Nach Enricos Suizid wollte ich alles, was mit seinem Tod zu tun hatte, ganz genau wissen. Zuerst forschte ich nach dem großen WARUM.

Sollte ich nach einer Woche in sein Zimmer gehen? Was würde ich dort finden wollen, um die Realität besser zu verstehen? Wonach suchte ich?

Ich hatte Angst! - Wovor?
Angst vor der Wirklichkeit?

Entdecke ich jetzt etwa, dass ich Schuld an seinem Tod bin? Entdecke ich eine andere Seite von meinem Sohn? Komme ich jetzt schon mit der Wahrheit zurecht?

Zitternd ging ich in sein Zimmer. Ich setzte mich auf sein Bett, um mit meinen Augen all das zu sehen, was er zuvor sah, als er hier gelebt hatte. Drei Tagen waren vergangen, seit ich von Enricos Tod erfuhr. Ich sah mir jede Kleinigkeit genau an, um etwas zu entdecken damit ich verstand, was passiert war.

Dass Enrico bereits viele seiner Sachen in den Keller gebracht hatte, war mir bis dato nicht bewusst. Es befanden sich kaum noch persönliche Dinge in seinem Zimmer. Ich musste alles wissen, um zu realisieren, dass er nicht mehr lebt.

Realität, Träume, Wünsche und Tränen - all dieses verschwammen ineinander.
Ich lebte in einer Albtraum-Welt und hoffte endlich wach werden zu können, denn ich konnte nicht glauben, dass Enrico nie wieder zurückkommen würde.

In seinem Zimmer fühlte ich seine Gegenwart sehr intensiv!

Er war doch eben noch da.

Ich stellte mir vor, wie er sich freuen würde, wenn er wieder zurückkämme, und sehen würde, dass ich sein Zimmer aufgeräumt hätte. Auch spielte ich in meiner Phantasie die Situation durch, was ich ihm sagen würde, sobald er wieder nach Hause kommen würde. Diese Gedanken machten mich glücklich. Daher beschloss ich den nächsten Tag sein Zimmer schön sauber aufzuräumen, damit er sich wohlfühlen würde.

Beim Aufräumen kamen mir immer wieder die Gedanken, dass ich ihm angeboten hatte, gemeinsam mit ihm sein Zimmer aufzuräumen. Da er meinen Vorschlag immer wieder abgelehnt hatte, musste ich es damals akzeptieren. Jetzt räumte ich sein Zimmer doch auf - allerdings ohne ihn.

Ich will ihm alles verzeihen.

Zügig fing ich an Ordnung zu schaffen, denn in meinem Gedanken könnte er jeden Moment durch

die Türe kommen. Mit jedem Tag, der verging, ließ die Schnelligkeit nach und ich suchte intensiver nach Antworten.
Ich las jeden Schnipsel, den er irgendwann einmal beschrieben oder bekritzelt hatte.
Anfangs kam ich mir wie eine Spionin vor, denn es war sein persönliches Eigentum, das ich in den Händen hielt. Selbst wenn der Hauptteil seiner persönlichen Sachen sich in Keller befand.

Der Keller...
Mindestens zwei Wochen, von morgens bis abends, verbrachte ich im Keller. Ich war geschockt, was ich dort fand.
Ich entdeckte mir völlig fremde Sachen, die ich niemals mit Enrico in Verbindung gebracht hätte.
Auch fand ich unter anderem eine Überweisung zum Psychologen; ausgestellt von unserem Hausarzt. Davon wusste ich gar nichts. Enrico hatte mir diese Tatsache verheimlicht.- WARUM?

Ich lerne mein Kind neu kennen, nachdem es tot war.

Mir kamen immer wieder die Tränen. Mein Sohn hatte mindestens dreißig Kartons mit seinen persönlichen Gegenständen gefüllt und in den Keller gestellt. Hefte aus seiner Grundschulzeit, sowie Zeichnungen neueren Alters.
Ich sah mir alles an, was ich finden konnte. In dieser Zeit war mir Enrico wieder so nahe und dennoch so fremd, wie selten.
Was sollte ich nur von all diesen Dingen halten?

Es war für mich wieder zum Verzweifeln, da sich neue Fragen um seinen Tod eröffneten. Niemand konnte sie mir beantworten. Weder die Polizei, noch unser Pfarrer, selbst unser Hausarzt konnten mir nichts Näheres sagen.

Forschen um zu realisieren - Der Wasserturm

Enrico erhängte sich am Wasserturm, das Wahrzeichen unserer kleinen Stadt.

Von meinem Fenster aus konnte ich den Wasserturm sehen. Es war für mich ein Furcht einflößender Anblick, denn vor meinem geistigen Auge sah ich Enrico dort hängen.

Vielleicht wirst Du Dich jetzt fragen, warum ich Enrico nicht dort habe hängen sehen und warum so viele Tage vergangen waren, bis ich die Nachricht vom Tod meines Sohnes erhielt.

Dies ist sehr einfach zu erklären:
2008 war ein sehr heißer Sommer. Enricos und mein Zimmer befanden sich auf der oberen Etage unserer Wohnung.

Zwei Tage, bevor Enrico ging, beklebten wir alle Schrägfenster sorgfältig mit Alufolie. Wir besaßen in dieser Wohnung keine Jalousien oder Rollos. Zwar waren unsere Zimmer dann dunkel und wir konnten nicht hinaus sehen, jedoch die Hitze blieb auch draußen. Dic Kühle in den Zimmern war uns wichtiger als der Blick nach draußen.

So kam es, dass mir die Sicht nach außen versperrt war und ich Enrico niemals dort hängen sah.

Gott sei Dank.
Auch bekam ich von der Rettungsaktion am Wasserturm nichts mit. Später erfuhr ich, dass Enrico am Sonntag, den 22.6.2008 entdeckt und tot geborgen wurde.

Der Wasserturm nahm mir meinen Sohn. Er ist Schuld an allem was passierte … Nur er.

So dachte ich eine ganz lange Zeit.

Ich empfand den Anblick dieses Bauwerks bedrohend. Es schnürte mir die Kehle zu und es durchfuhr mich jedes Mal ein kalter Schauer, sobald ich einen Blick darauf warf. Ich fing am ganzen Körper an zu zittern, meine Knie wurden weich und die Tränen liefen ohne Halt.

Sobald ich aus meinem Fenster sah, blickte ich direkt auf den Wasserturm. Mir schien, er sah mich regelrecht an und wollte mir etwas sagen.

Der Wasserturm war früher ein Anlaufpunkt für meine Familie und mich. Nun hatte Enrico ihn benutzt, um seinem Leben ein Ende zu setzten.

Nachdem einigen Wochen vergangen waren, in denen ich etliche Unterhaltungen mit lieben Menschen führte, wurde mir bewusst, dass der Wasserturm unschuldig war. Daher wollte ich Frieden mit ihm schließen. Wie und wann ich es tun würde, war vorerst unbedeutend. Mir war klar, ich würde einen Weg und den passenden Zeitpunkt finden.

Dem war auch so. Eines Tages wurde ich das Gefühl nicht mehr los, auf den Wasserturm klettern zu müssen. Ich wollte den Anblick in mir aufnehmen, welchen Enrico in den letzten Momenten seines Lebens empfand. Das war mir sehr wichtig.
Jedoch hatte ich eine Heidenangst vor meiner Aktion, denn ich wusste nicht, was mich erwarten würde, sobald ich in die Nähe des Wasserturms kommen würde. Trotzdem erzählte ich niemandem von meinem Vorhaben, weil ich nicht davon abgehalten werden wollte.

Genau drei Monate nach Enricos Sterbetag, am 22.09.2008, setzte ich meinen Plan in die Tat um. Mein Handy und meine Uhr ließ ich absichtlich zu Hause. Ich wollte weder durch einen Anruf gestört werden noch wollte ich mich durch einen Blick auf meine Uhr unnötig beeinflussen. Die Zeit sollte keine Rolle spielen, denn ich wollte mir keine Frist setzen.

Bevor ich zum Wasserturm ging, besorgte ich fünf dunkelrote, fast schwarze Rosen. Ich nahm mir vor, diese Rosen auf die Plattform des Turmes zu legen. In Gedenken an meinen Enrico.

Also kletterte ich mit viel Mühe über den fast zwei Meter hohen Metallzaun. Dann rannte ich, mit den Rosen in der Hand und Tränen in den Augen, 154 Stufen zur Plattform hinauf.

Dort, wo meine Kinder rauf kommen, da komme ich auch hin.

Oben angekommen, war ich völlig außer Atem und total verheult. Ich stand keuchend auf der Plattform und ließ einen lauten Schrei los. Die Vögel in den Bäumen erschreckten und flogen davon. Meine Knie zitterten so sehr, dass ich mich setzen musste. Ich weinte und hielt die Rosen immer noch in der Hand.

Nachdem ich mich ein wenig beruhigte, stand ich langsam wieder auf und fing an, mit Enrico zu sprechen.

„ENRICOOOO! WARUM? ...“

Ganz bewusst berührte ich das Gestänge und spürte die Kälte des Metalls an meinen Händen. Mit einem Blick hinunter auf die kleine Stadt sah ich unser Haus. Ich weinte, ich schimpfte, ich schrie. Ich stampfte so lange mit den Füßen auf, bis ich vor Erschöpfung zurück auf die kalte Eisenplatte rutschte und ins Leere starrte.

Niemand bemerkte mich dort oben.
Die Welt drehte sich einfach weiter. Die Sonne schien weiter, die Vögel sangen wieder und niemandem fiel auf, dass mein Sohn nicht mehr auf Erden war.

Wie könnt ihr alle so herzlos und kalt sein? Mein Kind lebt nicht mehr. Es scheint niemanden zu interessieren.

Erneut fing ich an zu weinen und an zu schreien.

„Kind, was hast Du mir nur damit angetan?
Was hab ich Dir bloß angetan?
WARUM?“

Mein Hals schmerzte.

Nach einer Weile legte ich die mitgebrachten Rosen unter sehr vielen Tränen genau so nieder, wie Enrico seine Initialen immer schrieb.

Die Buchstaben „E“ und „Z“ waren ineinander verschmolzen.
Ich sah die Niederlegung der Rosen als Friedensangebot an den Wasserturm an, denn er war unschuldig.

Wie lange ich dort oben verweilte, wusste ich nicht, denn die Zeit war, wie bereits gesagt, für mich unwichtig.
Irgendwann wurde ich mir bewusst, dass ich den Heimweg antreten musste, denn es wurde langsam dunkel und mir wurde kalt.
Schweren Herzens stieg ich die 154 Stufen herab und verabschiedete mich nochmals von Enrico.

Sobald ich wieder außerhalb des Zaunes stand, war ich überaus stolz auf mich.

Nun weinte ich Tränen der Erleichterung. Die empfundene Bedrohung, die vom Wasserturm ausging, war endlich verschwunden.

Diese Erfahrung, die ich an jenem Tag auf dem Turm machte, war sehr wertvoll für mich. Ich war mir der Wichtigkeit meiner Aktion bewusst.

Ab jenem Tage konnte ich aus meinem Fenster sehen und fühlte keine Beklemmungen mehr.

Ein Jahr, nachdem sich Enrico das Leben nahm, wurde der Wasserturm mit bunten Lichtern ausgestattet. Natürlich hatte es nichts mit Enricos Tod zu tun. Es machte mir dann auch nichts mehr aus, sobald ich die bunten Lichter erblickte, denn der Wasserturm und ich schlossen Frieden. Und das war gut für mich.

Save-Aktionen
So fühlte ich mich zeitweise besser

Anfänglich erlebte ich mein ganzes Leben und Dasein im Nebel. Es gab keine Momente, in denen es mir „gut“ ging. Ich weinte sehr viel und ertappte mich dabei, dass ich mir völlig gleichgültig war.

Mit den Wochen, die ins Land zogen, erlebte ich manchmal kurze lichte Augenblicke. In den Zeitpunkten, in denen es mir „relativ gut“ ging, traf ich Vorbereitungen für die Momente, in denen es mir wieder schlechter gehen würde.

Diesen Tipp der Vorbereitung erhielt ich von anderen Hinterbliebenen aus dem Forum. Fast jeder Hinterbliebene trifft seine eigenen Vorbereitungen und führt seine persönlichen Aktionen durch.

Hier beschreibe ich meine anfänglichen Handlungen, und wie ich sie durchführte:

Es war mir sehr wichtig meine „Save-Aktionen“, wie ich sie nannte, „zu starten“, sobald ich mich wirklich gut fühlte. „Wirklich gut“ fühlte ich mich zwar nicht, aber ich empfand es so; im Vergleich zu meinen schlimmen Momenten, in denen ich wieder in ein Loch der Verzweiflung und Mutlosigkeit fiel.

Da ich mich in diesem Loch sehr unwohl fühlte, waren mir die „Save-Aktionen“ sehr wichtig und ich führte sie sorgfältig und gewissenhaft aus.
Folgende Methoden wandte ich an, um „mich zu retten“:

Ich legte mir einige CDs bereit, deren Musik mich an schöne und unbeschwerte Zeiten erinnerte.
Diese Musik half mir, mich wieder besser zu fühlen. Ich wählte die Musik in den Momenten aus, als es mir noch „gut ging“. In der Zeit war ich mir meinen Gefühlen gegenüber bewusster und klarer.

Ich stellte mir mein Lieblingsparfüm zurecht, damit ich den Duft erfassen konnte.
Nicht nur Geräusche um mich herum waren wichtig, sondern auch bestimmte Düfte halfen mir, mich gut zu fühlen.

Warum dem so war, wusste ich zwar nicht, jedoch tat es mir einfach gut, wenn ich mein Kopfkissen mit einem bestimmten Duft besprühte. So konnte ich manches Mal besser und ruhiger schlafen.

Heute weiss ich, dass durch das Riechen der reinen pflanzlichen Düfte das Unterbewusstsein erreicht werden kann. Düfte können helfen, sich zu erinnern und sogar traumatische Ereignisse besser zu verarbeiten.

Die Telefonnummer der Telefonseelsorge lag an verschiedenen Plätzen gut sichtbar in meiner Wohnung. Sie lautet landesweit 0800/1110111
Es war für mich wichtig viel zu reden, denn ich hatte das Gefühl, ich würde sonst an meinem Kummer ersticken. Da ich auch „Niemanden auf die Nerven gehen wollte", rief ich die Telefonseelsorge an.

Am anderen Ende der Leitung saß bei jedem Telefongespräch eine andere Person. Das erleichterte mir meine Situation, um mein Schicksal erneut und mit vielen Tränen zu erzählen. Diese mir unbekannte Person gab mir das Gefühl alles noch einmal neu zu durchleben. Je häufiger ich meine Situation am Telefon schilderte, umso ruhiger wurde ich. Meine Weinkrämpfe wurden von Mal zu Mal kürzer.

Meine Worte in meinem Ohr verloren mit der Häufigkeit des Erzählens ihren Schrecken und ich konnte sie besser wählen. Im ersten Monat rief ich mindestens zehn Mal bei der Telefonseelsorge an. Natürlich telefonierte ich auch mit meinen Freundinnen und mit meiner Familie.

Ich mischte Situationen von der Vergangenheit mit der Gegenwart.
Anhand eines Beispieles möchte ich Dir diese Aussage erläutern:

Enrico und ich erlebten sehr schöne und beruhigende Stunden, wenn wir abends auf dem Sofa saßen. Ich häkelte oder strickte und wir sahen gemeinsam fern oder hörten Musik. Auf dem Tisch standen meist Getränke und eine Kerze.

An warmen Sommerabenden saßen wir gerne abends auf dem Balkon. Im Hintergrund lief Musik. Wir hatten diese gemeinsamen Zeiten genossen, an denen wir unbeschwert über wichtige oder weniger wichtige Dinge sprachen und lachten.

Sobald ich mich an diese schönen Zeiten erinnerte, fühlte ich einen stechenden Schmerz und eine große Leere in meiner Brust, denn Enrico war nicht mehr bei mir. Nach einigen Wochen benutzte ich diese Erinnerungen als „Aufhänger" für neue Situationen.

Ich nahm mir mein Handarbeitszeug, setzte mich bei warmem Wetter draußen auf den Balkon und schaltete genau die Musik an, die wir damals gemeinsam gehört hatten. Auch stellte ich unser Lieblingsgetränk auf den Tisch, und versuchte die Situation zu genießen.

Beim ersten und beim zweiten Mal blieb es beim Versuch, denn ich brach in Tränen aus und konnte mich nicht beruhigen. Trotz alledem blieb ich auf dem Stuhl sitzen, den ich auf dem Balkon stellte, konnte allerdings nichts trinken und auch nicht stricken. Ich mutete mir höchstwahrscheinlich für den Zeitpunkt zu viel zu.

Mein Weinen hielt mich dennoch nicht davon ab, noch einen Versuch anzustellen. Allerdings mit einer kleinen aber wichtigen Abwandlung.

Die Abwandlung sollte darin bestehen, dass ich ein zweites gefülltes Glas auf den Tisch und einen zweiten Stuhl dazu stellten wollte. Für Enrico. Er sollte sich in Gedanken zu mir gesellen, damit ich mich nicht so einsam und alleine fühlen würde.

Ungefähr eine Woche nach meinem ersten Versuch schaltete ich erneut unsere Musik ein, brachte ein Getränk mit zwei Gläsern auf den Balkontisch und stellte zwei Stühle auf. Meine Stricksachen nahm ich ebenfalls zur Hand und begab mich nach draußen.

Dieses Mal musste ich nicht so heftig weinen. Ich saß ganz ruhig auf meinem Stuhl und ließ einige Tränen laufen, während ich der Musik im Hintergrund lauschte. „Na, Enrico, gefällt Dir das auch?“, frage ich mit dem Blick zum leeren Stuhl. Nach einer ganzen Weile nahm ich meine Handarbeitsutensilien und strickte.

Von diesem Abend erzählte ich niemandem ein Wort. Ich hatte Angst, dass mir jemand sagen würde, es sei falsch, was ich tat und dass es nicht normal sei. Ich war in der Zeit sehr unsicher und wollte nicht kritisiert werden. Ich wusste, dass mir diese Momente sehr gut taten und das wollte ich mir von niemandem nehmen lassen.

Wie oft ich mich in Gedanken mit Enrico draußen traf, weiß ich heute nicht mehr, aber mit der Zeit schaffte ich es, alleine draußen zu sitzen und unsere Musik zu hören. Auch stellte ich immer ein Getränk für mich auf den Tisch.

Da ich zu Enricos Lebzeiten angefangen hatte, den grünen Pullover zu stricken, wollte ich ihn ursprünglich nicht fertig stellen. Doch dann kam mir der Gedanke, Enrico würde es gefallen, wenn ich den Pullover anziehen würde. Im übernächsten Winter trug ich den Pullover mit Stolz.

Alte und neue Situationen zu mischen versuchte ich natürlich nur in den Zeitabschnitten, in denen es mir gut ging, denn ich war nicht immer stark genug für diese Handlungen. Sie forderten sehr viel Kraft und Geduld von mir. Dafür war ich nicht immer bereit.

Um es dennoch zu verinnerlichen tat ich es so oft, wie meine Kraft und Zeit es zuließen. So erschaffte ich mir neue Situationen, um meine Seele zu streicheln. Bis ich letztendlich alleine neue, schöne Situationen für mich erschuf, vergingen mehr als zwei Jahre. Schritt für Schritt und mit viel Geduld erarbeitete ich sie mir.

Von meinem Weg durch die Trauer

Dein Tod - wie dunkle Nacht -
hat mich fast um den Verstand gebracht.
Von Finsternis umhüllt,
von Trauer ausgefüllt...

Vom Nebel der Trauer umschlossen,
Flüsse aus Tränen vergossen.
Von deiner Entscheidung erschlagen -
Wie sollte ich dies denn ertragen?

Nun scheint sich der Nebel zu lichten
und ich erzähle von all' unseren Geschichten.
Der Platz, den du verlassen, bleibt leer -
wir liebten dich doch, viel zu sehr!

Diese Lücke und der Schmerz, die du uns hinterlassen
SIE bleibt offen, doch ER kann verblassen.
Durch die Wolken der Trauer tritt Licht
und so kann ich es wieder sehen -
dein strahlendes Gesicht!

Sabine Mann für ihren Stiefsohn
27.01.06

Es ist normal

Nimm Dir an mir bitte keinen Maßstab, denn ich bin gewiss anders als Du. Ich musste forschen - das heißt jedoch nicht, dass Du es auch tun musst. Ich habe von anderen Betroffenen erfahren, dass sie sich lieber zu Hause zurückzogen und nicht sofort wissen wollten, wie das Unglück passiert ist. Erst viel, viel später wollten sie es erfahren.

Es ist normal, wenn Du alles wissen willst. Es ist genau so normal, wenn Du nichts wissen willst. Alles zu seiner Zeit.
Jeder Mensch reagiert auf den Schock unterschiedlich. Wir trauern alle auf verschiedene Arten - daher gibt es keine „falsche" oder „richtige" Reaktion oder „falsches" oder „richtiges" Trauern.

Unsicherheit in jeglicher Art und Weise machte sich bei mir breit. Es war ganz gleich, was ich tat; z.B. einen Brief schreiben. Ich hinterfragte bei meiner Schwester fast jedes Wort, denn ich wollte keinen zusätzlichen Fehler machen. Selbst die Todesanzeige, die ich für Enrico aufgab, sprach ich erst mit meiner Schwester mehrfach ab.

Ich fühlte mich am Tod von Enrico schuldig. Also war ich in meinen Augen auch schuldig für alle anderen Situationen, die schief laufen würden. Ich fühlte mich, als bestünde ich nur aus Fehlern. Die Schuldfrage lastete sehr schwer auf meinen Schultern. Daraus resultierten absurde Gedanken, die ich nicht loswurde.

In meinen Kopf setzte sich der Gedanke fest, dass ich genügend Fehler gemacht hätte und daher müsste ich immer jemanden fragen, ob das, was ich vorhatte, seine Richtigkeit hätte. Ansonsten würde ich noch einen lieben Menschen verlieren.

Lachen, ohne ein schlechtes Gewissen, war für mich unmöglich. Entweder blieb mir das Lachen im Halse stecken, oder ich hatte unmittelbar nach dem Lachen ein so schlechtes Gewissen, dass ich mir vornahm, in nächster Zeit nicht mehr zu lachen. -Was ich dann auch einhielt.- Wie lange das andauerte, weiß ich nicht mehr.

Vergesslichkeit in allen Formen und Farben suchte mich immer wieder heim. Ich verlegte permanent irgendwelche Gegenstände und fand sie dann viel später an den unmöglichsten Stellen wieder.

Zum Beispiel lag mein Portemonnaie im Kühlschrank oder eine Rechnung befand sich im Kochtopf. Ich konnte mich absolut nicht daran erinnern, dass ich diese Dinge an jenen Platz legte.

Manchmal kam ich in ein Zimmer hinein, dass ich, wie ich dachte, „so nicht verlassen“ habe.

Wer hat das Bett gemacht, oder wer hat die Tasse dort hingestellt? Meine Güte, ich kann mich nicht daran erinnern.

Dass nur ich es gewesen sein konnte, glaubte ich mir nicht. Ich durchlief die Tage gedankenverloren.

Auch Dir kann es so ergehen wie mir. Mache Dir keine Sorgen, denn mit der Zeit wirst Du Dich wieder auf Dich verlassen können.

Das große Warum ...?!

Warum hat er/sie es getan?
Warum habe ich es nicht bemerkt?
Warum hat er/sie nie irgendetwas gesagt?
Warum hat Gott das zugelassen?
Warum? *Warum*? *Warum*? ... ... *Warum*?

Dieses *Warum* tauchte sofort nach der Schreckensnachricht auf und stand immer im Raum. Ich konnte es nicht loswerden. Es verfolgte mich überall hin.

Ich wurde gefragt:
„*Warum* hat er es denn getan?"

Warum? *Warum*? - Ich wusste und weiß es nicht.
Irgendwann fing ich an, mir eine Antwort zurechtzulegen.

Meine Antwort lautete:
„Wenn ich gewusst hätte, *Warum*, dann hätte ich es bestimmt zu verhindern gewusst. Oder mindestens versucht, es zu verhindern".

Diese Antwort schien mir passend. Was hätte ich anderes sagen sollen? Ich liebte mein Kind und tue es immer noch.

Das *Warum* kann mir und auch Dir niemand beantworten. Die Person, die es hätte klar beantworten können ist für immer von uns gegangen.

Das macht es für uns anfänglich sehr schwer mit dieser offenen Frage zu leben.
Um die Frage nach dem *Warum* zu beantworten, beschreiten wir viele Wege. Wir brauchen eine Antwort für uns und unsere Seele.

Falls der Verstorbene einen Abschiedsbrief geschrieben hat, wird dieser Brief gerne als Antwort auf das *Warum* genommen. Es kann sein, dass die Gründe in dem Brief nicht immer ersichtlich sind. Daher wird er immer wieder analysiert und die kleinsten Details werden bewertet.

Bitte bedenke, dass der Brief, aller Wahrscheinlichkeit nach, in einer sehr emotionalen oder depressiven Stimmung des Verstorbenen geschrieben wurde. Es kann sein, dass er/sie nicht immer so gedacht und gefühlt hat, wie es in dem Brief steht.

Bei dem Abschiedsbrief schleicht sich das *Warum* in Form von:
„*Warum* konnte ich es nicht verhindern?“ oder
„*Warum* habe ich vorher nichts gemerkt?“ oder
„*Warum* hat er/ sie nichts gesagt?“ oder
„War ich zu sehr mit mir selbst beschäftigt?“
ein.

Hast Du keinen Abschiedsbrief erhalten, kannst Du es noch weniger verstehen, *Warum* er/sie gegangen ist. Du musst einen anderen Weg finden, Dir die Frage zu beantworten.

Ich gebe zu, ich brauchte sehr viel Zeit, diese Frage zu verarbeiten. Ich zog dieses *Warum* immer mit mir mit. Auch wenn es mich belastete, was ich in dem Moment als normal ansah. Die Schuldfrage und die Frage nach dem *Warum* beschäftigten mich sehr.

Meine Schwester sprach auf ihre liebevolle Art und Weise mit mir und wollte mir klar machen, dass das Fragen nach dem *Warum* mich nicht weiter bringen würde. Viel wichtiger sei es, diese Situation zu akzeptieren. Das konnte ich jedoch zu dieser Zeit nicht. Es schien mir unmöglich zu sein. Aus welchen Gründen auch immer.

Die Relevanz der Akzeptanz war mir zu diesem Zeitpunkt nicht bewusst. Also beschäftigte ich mich nicht damit. Mir fehlten die Kraft und das Verständnis für diese Wichtigkeit.

Heute ist mir bewusst, wenn wir nicht damit anfangen zu akzeptieren, dass die Situation so ist, wie sie ist, wird uns das Wort *Warum* immer und immer wieder verfolgen. (siehe auch Kapitel „Loslassen“)

Ich weiß, dies ist ein sehr schwieriges Thema. Die ganze Trauer ist ein schwieriges Thema. Wir fühlen uns hilflos und einsam. Wir suchen Erklärungen, die uns weiter bringen sollen. Da wir so hart gearbeitet haben - Trauerarbeit ist harte Arbeit - suchen wir für uns etwas, worauf oder woran wir uns anlehnen können, um auszuruhen.

Da kommt uns das Wort *Warum* gerade gelegen. Auf diesem Wort können wir uns ewig ausruhen und auch alle Schuld abladen, denn wir haben die „Ausrede“: „Ich muss wissen W*arum*!“

Aber aus welchem Grund muss ich wissen *Warum*?
Du kannst jede Antwort, die Du erhältst mit einem weiteren *Warum* hinterfragen.
Das Fragen wird daher endlos sein!
Entweder bekomme ich die Antwort, die ich auch als Antwort akzeptiere, durch einen Abschiedsbrief, durch eine Mitteilung eines anderen Menschen, durch meine eigenen Gedanken und Gefühle, oder ich bekomme sie nicht.

Falls wir dieses *Warum* oberflächlich abgearbeitet haben, kommt es durch andere Fragen wieder zu uns zurück. Es ist sehr hartnäckig und bleibt so lange in unserem Kopf, bis wir es bewusst hinaus schmeißen. Bis wir diesem *Warum* verbieten uns zu quälen, denn es kann eine große Belastung sein.

Es wird einen Zeitpunkt in Deinem Leben geben, an dem Du spürst, dass das *Warum* für Dich an Bedeutung verliert. Das ist der Zeitpunkt, an dem Du den Suizid Deines geliebten Menschen innerlich akzeptierst.

Gib diesem Zeitpunkt eine Chance sich zu festigen und hinterfrage nicht weiter. Die Zeit kann Dir helfen, weitere Fragen zum richtigen Zeitpunkt beantwortet zu bekommen. (Ich beschreibe die

Wichtigkeit der Zeit in dem Kapitel „Die Zeit“ ausführlicher.)

Falls Du keine Antwort erhältst, die für Dich akzeptabel ist, solltest Du Dir, wie ich mir auch, darüber im Klaren sein, dass Du für diesen Moment damit leben musst.

Den Gedanken, keine Antwort für mich zu erhalten, konnte ich sehr schwer zulassen. Ich brauchte viel Zeit und viele Gespräche mit verständnisvollen Menschen, um dies alles zu verstehen.

Ich möchte Dir nun einige Fragen stellen:

Änderte oder ändert sich etwas in Deinem Leben, wenn Du die Antwort wüsstest, warum er/sie gegangen ist? Wenn Du denkst „ja“, dann überlege für Dich, was sich dann genau ändert.

Kannst Du damit die Zeit zurück drehen?
Inwiefern bist Du glücklicher darüber, es zu wissen?
Kannst Du etwas an der vergangenen Situation ändern?

Ich weiß, dass diese Fragen hart sind, aber wenn Du sie Dir niemals stellst, dann wirst Du ewig auf derselben Stelle mit Deinem *Warum* stehen bleiben. Damit wirst Du niemandem helfen, am wenigsten Dir selber.

Sehr viele Dinge sind schwer zu verstehen, aber bitte denke einmal darüber nach, wie es in Deinem Leben weiter gehen soll. Es läuft alles darauf hinaus, dass Du hier auf Erden mit Deinen Aufgaben lebst.

Wir können, auch wenn wir noch so intensiv daran arbeiten würden, das Geschehene nicht ungeschehen machen. Die Kunst ist allerdings, mit unserer Vergangenheit bewusst umzugehen und mit ihr zu leben.

Pausen sind wichtig

Trauerarbeit - dieses Wort besteht aus zwei Hauptwörtern:
„Trauer“ und „Arbeit“.

Wir sollten die Trauerarbeit nicht auf die leichte Schulter nehmen, denn Arbeit ist immer anstrengend. Selbst im alltäglichen Leben brauchen wir eine Pause, eine Auszeit, bzw. den Feierabend. Sogar Urlaub ist für uns notwendig. So verhält es sich auch bei der „Trauerarbeit“.

Nachdenken, weinen, grübeln, forschen, wieder weinen, unseren Alltag bewältigen, arbeiten gehen, wieder weinen und wieder nachdenken ... So sieht bei den meisten Suizidhinterbliebenen zu Beginn der Alltag aus. All das ist sehr anstrengend.

Nun möchte ich Dich bitten, einen Moment darüber nachzudenken, warum wir grundsätzlich Pausen benötigen.

Wir brauchen Pausen, um uns von der Arbeit und den Anstrengungen zu erholen und neue Kraft zu schöpfen. Arbeiten wir ohne Unterlass, machen der Körper und die Seele schlapp. Arbeitspausen bringen uns neue Energie. Diese Energie ermöglicht uns, unsere Arbeit zufriedenstellend zu verrichten.

Arbeiten wir ununterbrochen, beginnen wir nach einer gewissen Zeit, Fehler zu machen, da wir

übermüdet und energielos sind. Der Körper und die Seele schreien nach neuer Energie.
Es reicht nicht aus, wenn wir dem Körper in Form von Essen Energie zuführen, er braucht auch seine Ruhepausen. Dies bezieht sich auf alle Bereiche unseres Lebens.

„Trauerarbeit“ ist eine sehr schwere Arbeit, die noch zusätzlich zu unserer „normalen“ Arbeit und unserem Alltag hinzukommt.

Klingt es dann nicht logisch, dass wir bei der doppelten Belastung, die auf uns wirkt, erst recht Pausen machen sollten?
Pause von der „normalen“ Arbeit und eine separate Pause von der „Trauerarbeit“.

Wie soll ich meine Pausen verbringen?
Wie lange darf oder sollte eine Pause in etwa sein?
Wer erlaubt mir eine Pause?
Kann ich eine Pause verantworten, geschweige denn, wirklich einhalten?
Wie kann eine Pause aussehen?

Dies sind Fragen, die wir uns stellen.

Hierzu kann ich Dir aus eigener Erfahrung sagen, dass dieses Thema ganz individuell zu handhaben ist.

Jeder Mensch trauert anders, denn es gibt kein „richtig“ oder „falsch“ beim Trauern. Höre auf Deine Seele. Sie spricht leise zu Dir und möchte auch gehört werden. Falls Du Deiner Seele, die sehr leidet, nicht zuhörst, wird sie sich an Deinen Körper wenden. Sobald Du körperlichen Schmerz erfährst, musst Du eine Zwangspause einlegen.

Wer erlaubt uns eine Pause?

Deine Seele fordert eine Pause.
Das heißt: Du selbst erlaubst Dir diese Pause!
Wenn Du jeden Tag weinst, ist es sehr anstrengend für Deinen Körper.
Du fühlst Dich müde und hast Schmerzen im Bauch, im Kopf und in der Brust. Dein ganzer Körper bebt unter dem Schluchzen. Dein Kopf arbeitet ununterbrochen. Es wird Zeit für eine Pause. Meinst Du nicht auch?

Können wir eine Pause verantworten, geschweige denn, wirklich einhalten?

Diese Frage beantworte ich Dir mit einigen Gegenfragen:

Was passiert, wenn Du keine Pausen machst?
Was passiert mit Deinem Körper?
Was passiert mit und in Deinem Umfeld?
Möchtest Du, dass alles um Dich herum noch mehr zerfällt?
Woher schöpfst Du neue Kraft?

Sei gewiss, dass die Menschen in Deiner unmittelbaren Nähe Dir die Pausen gönnen, denn es

ist für Deine Mitmenschen auch eine schwierige Situation, die Du durchlebst.
Sie können Dir nicht helfen und müssen hilflos zusehen, wie Du womöglich mehr und mehr zerfällst.

Zu dieser Erkenntnis kam ich, als ich nach eineinhalb Jahren mit meinen Freunden und meiner Familie sprach. Ich wollte ganz genau wissen, wie sie damals mich und die Situation beurteilten. Was sie empfanden.
Es erschrak mich, als ich hörte, wie meine Mitmenschen mich sahen. Jeder dachte, ich würde es nicht schaffen. Die Trauer würde mich so tief herunter ziehen, dass ich nicht mehr hoch kommen würde. Mein Umfeld hatte Angst um mich.

Erst als ich anfing etwas für mich zu tun, konnten sie ein wenig aufatmen. Sie fühlten sich alle sehr hilflos, denn es lag ja an mir, wie ich mit der Situation fertig wurde.
Zwar konnten sie für mich da sein, aber sie konnten mir nichts abnehmen.

Nun möchte ich im Einzelnen darauf eingehen. Es sind meine eigenen Erfahrungen, die ich machte, nachdem ich mich mit lieben Menschen meines Vertrauens darüber unterhielt.
Die Beispiele, die ich nun nenne, praktizierte ich alle selbst. Aus dem Grunde schreibe ich es in „Ich-Form“.

Wie kann eine Pause aussehen?

Eine Pause kann zum Beispiel folgendermaßen aussehen:

Wannenritual
Für diesen Vorschlag ist eine Badewanne wichtig. Als ich noch keine eigene Wanne in meiner Wohnung hatte, bat ich meine beste Freundin darum, in ihre Wanne gehen zu dürfen. Sie stimmte selbstverständlich zu, denn sie ist meine beste Freundin und wollte, dass es mir gut ging.

Ich ließ Wasser in die Wanne laufen, benutzte den Duft als Badezusatz, der mir sehr angenehm war und zündete fünf bis sieben Kerzen an. Auch stellte ich ein Glas Wein an den Wannenrand und suchte mir die Musik aus, die mir gefiel. Manchmal hörte ich Klaviermusik und ein anderes Mal hörte ich die Musik, die ich mit Enrico gerne zusammen gehört hatte.

Ich löschte das große Licht im Bad, setzte mich an den Wannenrand und lauschte der Musik, während sich die Wanne mit dem wohlriechenden Duftwasser füllte.

Nachdem die Wanne voll war, stieg ich ein und spürte die Wärme und den Duft des Wassers um mich. Ich legte mich ganz langsam in das warme Wasser und schloss meine Augen. Die Zeit sollte keine Rolle spielen. Es war unwichtig, ob ich einige Minuten oder eine halbe Stunde in der Wanne verbrachte. Ich ließ mich von niemandem drängen; auch nicht von mir.

Dann stellte ich mir vor, Enrico würde an dem Wannenende sitzen und mir zusehen. Er würde seine Grimassen schneiden und mich mit Wasser bespritzen. Der Gedanke, er sei wieder da, ließ mir die Tränen in die Augen schießen. Trotzdem genoss ich mein Bad.

Ich fühlte mich nicht mehr so allein und konnte meine Pause sehr genießen. Natürlich erzählte ich niemandem von meinen Gedanken, denn ich wollte nicht für verrückt erklärt werden. Wer setzt schon seinen fast erwachsenen Sohn in Gedanken an den Wannenrand? Na ich, denn dieser Gedanke tat mir gut.

Das wohltuend warme Wasser, der Duft im Badezimmer, die Musik und der Wein taten mir sehr gut.
Alles zusammen streichelte meine Seele. Ich genoss jede Sekunde und wünschte, ich könne die Zeit anhalten, um sie immer wieder zu genießen.

Nach dem Bad zog ich meinen Schlafanzug an und ließ die Musik weiter laufen. Ich nahm mir vor, dies als ein Ritual für meine Pausen anzusehen und diese Zeremonie in ähnlicher Form zu wiederholen. Mit dem Gedanken ging ich ins Bett. Während die Musik spielte, schlief ich ein. Es tat mir einfach sehr gut, denn ich fühlte mich wohl und geborgen.

Ab diesem Zeitpunkt betrieb ich mein Wannenritual so oft, wie es mir möglich war. Es diente nicht zur

Reinigung meines Körpers, sondern zur Reinigung meiner Seele.

Das nächste Pausenbeispiel erfordert mehr Vorbereitungen. Auch hat nicht jeder die Möglichkeit, wie ich sie hatte, zu verreisen. Also sehe dieses Beispiel bitte nur als Vorschlag an. Ich beschreibe wieder mein eigenes Leben. Da ich zu dem Zeitpunkt arbeitslos war, hatte ich die Zeit und Möglichkeit für diese/meine Pause.

Verreisen

Ich fuhr für ein paar Tage zu meinen Freunden, die in einer anderen Stadt wohnten.
Die Umgebung, die Geräusche, die Gerüche, die Atmosphäre in der „fremden" Gegend halfen mir, auf völlig andere Gedanken zu kommen. Ich ließ es zu, denn es gab mir Kraft.

Meine Freundin lud mich ein, zu ihr zu kommen. Anfänglich hatte ich Angst, meine gewohnte Umgebung zu verlassen. Da ich mich sehr einsam fühlte und wieder einmal sehr unsicher war, sprach ich mit meiner Familie darüber, die mich gleichwohl zu der Reise ermutigte.

Es war Anfang Dezember im Jahre 2008. Weihnachten wollte ich jedoch wieder zu Hause sein.

Um keine Kleidungsstücke oder Gegenstände zu vergessen, erstellte ich mir eine Listc mit den Dingen, die ich mitnehmen wollte. Meine Enrico-

Kiste befand sich ganz oben auf der Liste. Da ich mit dem Zug fuhr, konnte ich nur einen kleinen Teil von den Sachen, die mir wichtig waren, in den Koffer verstauen.

Dies war ein schwieriges Unterfangen für mich, denn ich konnte mich sehr schlecht entscheiden, was ich zu Hause ließ und was ich mitnehmen wollte.

Immer wieder packte ich meinen Koffer um und wollte schon fast zu Hause bleiben.
Um eine neutrale Meinung zu hören, rief ich wieder einmal bei der Telefonseelsorge an. Die Frau am anderen Ende konnte mir nicht weiter helfen. Sie befand sich noch nie in solch einer Situation. Natürlich nicht, denn sie war keine Suizidhinterbliebene. Selbst die Problematik war ihr fremd.

Vor Enricos Suizid sah ich einen kleinen Tripp in eine andere Stadt sehr locker an. Ich packte damals einige meiner Sachen ein und machte mir keine Gedanken darüber, ob ich etwas vergessen würde. Nach Enricos Suizid veränderte sich mein Denken sehr.

Unsicherheit und Zweifel, allem und jedem gegenüber, versperrten mir den Blick auf eine unbeschwerte Zeit bei meinen Freunden. Also setzte ich mich auf mein Bett, betrachtete meinen halb eingepackten Koffer und fing wieder an zu weinen. Ich fühlte mich wieder einmal sehr schlecht.
Was sollte ich in dem Moment bloß tun?

Mein Blick fiel plötzlich auf einen Stein, der auf meinem Schreibtisch neben dem Monitor lag. Es handelte sich um einen Orangencalcit. Solch einen Stein vergrub ich damals an Enricos Grab, denn es war sein Lieblingsstein.

Für mich bedeutete es, dass Enrico in diesem Moment ganz nah bei mir war. Also fragte ich ihn, was ich tun sollte und hielt dabei den Stein in meinen Händen. Der Stein wurde warm, was ich als positive Antwort deutete.

Davon erzählte ich auch keinem Menschen. Ich wäre mir sehr albern vorgekommen, wenn ich erzählt hätte, dass ich mit Enrico diskutierte und ihn nach seiner Meinung fragte.

Meine Entscheidung, zu fahren, war getroffen und ich packte die Sachen ein, die mir in diesem Moment wichtig erschienen und fuhr zu meiner Freundin. Den Stein nahm ich selbstverständlich mit.

Ab diesem Zeitpunkt war der Stein immer bei mir und ich sah ihn als meine persönliche Entscheidungshilfe an.

In den fünf Tagen, in der anderen Stadt und mit anderen Menschen in meiner Umgebung, veränderte sich mein Blickwinkel in eine andere Richtung. Alles fing damit an, dass wir über den Weihnachtsmarkt gingen, es leise anfing zu schneien, Weihnachtsdüfte uns umgaben und mir die Tränen liefen, da Enrico nicht dabei war. Er hatte sich ja entschlossen zu gehen und konnte dies alles nicht mehr erleben. Ich war sehr traurig.

An einem Abend saßen wir zusammen im Wohnzimmer und meine Freundin las mir aus einem Buch vor. Bis zu dem Zeitpunkt fasste ich kein Buch an, denn mich überfiel die Angst, in irgendeinem Buch stände geschrieben, ich sei Schuld an Enricos Tod. Trotzdem ließ ich mir von ihr vorlesen.

Der Titel des Buches ist „The Secret" von Rhonda Byrne.
Dieses Buch weckte die Neugierde in mir, mehr zu erfahren.
Mit Hilfe dieses Buches fing ich langsam aber stetig an, mein Denken zu verändern. Nach diesem Buch folgten andere Bücher und ich fand meinen Weg zu Gott zurück. (Siehe das Kapitel: „Gott und ich")

Wäre ich damals nicht zu meiner Freundin gefahren, hätte ich mich mit Sicherheit anders entwickelt und würde vielleicht nicht dieses Buch schreiben. Natürlich kann ich diese Behauptung nicht beweisen, allerdings bin ich nach diesem Pausen-Besuch in genau diese Stadt gezogen. Der Leitgedanke zu diesem Buch manifestierte sich in mir, nachdem ich meinen Wohnort wechselte.

Nun beschreibe ich Dir noch andere Pausenarten:

Kurse belegen
Du kannst Dich zu einem Kurs anmelden, der Dir Spaß bereiten würde.

Es gibt vielleicht irgendetwas, was Du schon immer tun wolltest. Es wäre schön, wenn Du Dir nun einen Ruck geben könntest und diesen Kurs belegen würdest, denn er würde Dich für kurze Zeit von Deinen schweren Gedanken ablenken.

Ich nahm an einem Computerkurs teil, sodass ich nicht Nichts machte. Ich war zu dieser Zeit arbeitslos. Es gab keine Regelmäßigkeit in meinem Leben. So suchte ich nach einer Beschäftigung und fand sie im Computerkurs. Zwar fiel mir in der Zeit das Lernen schwer, andererseits erlebte ich viele erfolgreiche Augenblicke.

Sport treiben
Du könntest regelmäßig spazieren gehen oder Sport treiben. Vielleicht hast Du eine vertraute Person, die Dich begleitet.

Dein Körper braucht Sauerstoff. Du verbrauchst bei Deiner Trauer sehr viel Energie. An der frischen Luft oder beim Sport kannst Du sie Dir wieder zurückholen.

Ich fuhr mit meiner jüngsten Schwester dreimal die Woche zum Frauensport. Diese Idee kam von ihrer Seite und der Sport tat mir tatsächlich gut, obgleich ich dies erst bemerkte, nachdem wir ein paar Mal zusammen sportlich unterwegs waren. Nach einigen

Wochen trafen wir uns zusätzlich mit meiner anderen Schwester und fuhren einmal die Woche abends zum Schwimmen.

Bei diesen Aktivitäten kamen mir Gedanken in den Sinn, die mich wieder einmal ein kleines Stück in meiner Entwicklung weiter brachten. Ich machte Fortschritte in meinem Trauerprozess. Nicht nur mein Körper, sondern auch meine Seele profitierte von der Bewegung.

Alles in allem möchte ich Dir gerne ans Herz legen, einmal über Pausen nachzudenken. Sie geben Dir mehr Kraft und Energie, als Du es vermuten würdest.

Rituale und Gewohnheiten

Rituale helfen uns unser Leben zu erleichtern. Sie sollten bewusst von uns ausgeführt werden. In unserem Leben ist es wichtig Rituale zu haben und zu leben. Rituale können aus lieb gewonnen Gewohnheiten entstehen. Diese Gewohnheiten geben uns Sicherheiten, denn der Ablauf der Handlung ist uns vertraut.

Es fängt schon in unserer Kindheit an.
Rituale machen das Leben angenehm, denn wir wissen genau, was auf uns zukommt. Sie geben uns Geborgenheit, Halt, Sicherheit und Ordnung. Dieses ist nun schlagartig durch den Suizid unseres geliebten Menschen verschwunden.

Denn das Leben ist jetzt plötzlich vollkommen anders als zuvor. Der geliebte Mensch, der einen wichtigen Bestandteil dieser Gewohnheiten oder auch Rituale beinhaltete, ist nicht mehr um uns.

Meine damals immer wiederkehrenden Dialoge zwischen Enrico und mir mit denselben Sätzen, zähle ich zu den Gewohnheiten.

Folgende Beispiele aus meinem Leben mit Enrico zeigen auf, was ich meine:

Jeden Tag hörte ich fast dieselben Sätze von Enrico.

„Guten Morgeeen!“

„Wo ist meine Hose?“
„Kommst Du mich heute wieder abholen?“
„Kochst Du, oder soll ich heute mal kochen?“
„Hab den Kaffee schon fertig gemacht. Hat er dir geschmeckt?“

Nun:
Stille
Stille
Stille
Stille
Stille
Diese Stille!

In der Anfangszeit war dieses Ruhe in der gesamten Wohnung für mich unerträglich! Ich fühlte mich einsam und alleine.

Nur meine Tränen halfen mir über diese Stille hinweg.
Um diese unerträgliche Stille zu durchbrechen, ließ ich das Radio in der Küche von morgens bis abends vor sich hin dudeln. Auch ließ ich in der gesamten Wohnung das Licht absichtlich brennen, sodass ich mich nicht zu einsam fühlte.

Als Enrico noch lebte, erfüllte Lachen, Reden und Musik unsere Wohnung. Nach seinem Tod war alles lautlos und mucksmäuschenstill. So fing ich irgendwann an, mich mit ihm laut zu unterhalten.
Nicht nur, dass ich sprach, ich antwortete auch wie selbstverständlich für ihn. Ich führte Selbstgespräche

mit seinen Antworten, denn ich wollte unter allen Umständen meine Gewohnheiten beibehalten.

Diese Gespräche mit meinem verstorbenen Sohn bereiteten mir ab und an Unbehagen, denn ich dachte, es würde für immer so bleiben.

Im Großen und Ganzen taten mir die Gespräche in den Momenten, in denen ich sie führte, sehr gut.

Um mich wieder wohl zu fühlen, brauchte ich neue Rituale. Rituale, die ich mir ohne meinen Sohn gestaltete. Ich brauchte Halt!

Ich besaß noch nicht einmal die Kraft, morgens aus dem Bett aufzustehen. Da ich alleine lebte, und zu der Zeit keine Arbeitstelle hatte, gab es auch niemanden, für den ich morgens aufstehen wollte oder sollte.

Ich brauchte Hilfe, denn ich merkte, ich wurde mir immer gleichgültiger. Zwar wusste ich, dass ich an meiner Situation es ändern sollte, war mir allerdings nicht bewusst, was und wie ich es ändere, um mich besser zu fühlen. Mir fehlte mein Enrico und mir fehlten Aufgaben, für die es sich lohne, weiter zu leben.

Meine Familie merkte sehr schnell, dass ich anfing depressiv zu werden. Sie machten sich große Sorgen um meinen Gemütszustand und teilten mir ihre Gedanken auf liebevolle Art und Weise mit.

Als ich hörte, dass sich meine Familie Sorgen um mich machte, fing ich immer wieder an zu weinen, denn ich wollte niemandem Sorgen bereiten. Ich dachte:

„Ich habe schon genug Sorge bereitet durch den Suizid von Enrico, denn ich bin Schuld an der gesamten Situation.“

Ich war mit meiner Situation völlig überfordert und wusste, dass ich Hilfe benötigte. Hilfe von einem Menschen, dessen Liebe ich mir in dem Moment sehr sicher war und der auch stark genug war, mit wenig Aufwand für ihn mir sicher zur Seite zu stehen.
Auch wollte ich niemanden überfordern oder gar zur Last fallen. Und dennoch schaffte ich es nicht alleine, an meiner Situation etwas zu ändern.

Bedingt durch die häufigen Anrufe meines ältesten Sohnes, war ich mir sicher, dass ich ihm wichtig war. Also bat ich ihn um Hilfe.

Er lebte nicht mehr bei mir im Haushalt, sondern mit seiner Freundin zusammen in einer eigenen Wohnung. Auch machte er seine Ausbildung und stand daher morgens immer früh auf, um zur Arbeit oder zur Schule zu fahren. So bat ich ihn eines Tages, mich morgens früh anzurufen, damit ich einen Sinn darin sah, aufzustehen.

Mein Großer erfüllte mir meinen Wunsch und rief mich jeden Morgen ab 7.00 Uhr an. In den täglichen

Anrufen erzählte er mir irgendetwas Wichtiges oder auch Belangloses. Seine fröhliche und ehrliche Art half mir, mich jeden Morgen auf ihn zu freuen. Diese morgendlichen Telefonate entwickelten sich allmählich zu unserem Ritual.

Nicht nur mir tat dieses Ritual gut, sondern ihm auch. Das erfuhr ich, als ich nach einiger Zeit fragte, ob ich ihm zur Last fallen würde. Mein Sohn versicherte mir, dass er es als schön und auch für ihn hilfreich ansah, mich morgens am Telefon zu hören. Sobald ich morgens frühzeitig aufstand, hatte ich mehr Antrieb, meinen Tagesablauf fortzusetzen.

Als ich merkte, dass dieses kleine Ritual mir half „Normalität" in meinem Leben zu bekommen, musste ich mich nicht mehr zwingen es auszuführen. Ich merkte, dass ich mich wohler fühlte.

Mein Tagesablauf sah folgendermaßen aus:
-Morgens immer um dieselbe Uhrzeit aufstehen.
-Hinunter in die Küche gehen, um Kaffee zu kochen.
-Radio anmachen, um vertraute Stimmen zu hören.
-In Ruhe Kaffee trinken und über den Tag nachdenken.
-Duschen und anziehen.
-Bett machen.
-Hausarbeiten erledigen.
-Computer anmachen und schreiben.

Ein weiteres Ritual war der Sport mit meinen Schwestern. Sie kamen mich immer zur selben Zeit abholen, denn sie wussten, wie wichtig mir die Regelmäßigkeit war.

Spontaneität ertrug ich nicht, denn ich fühlte mich überfordert, sobald ich sehr rasch Entscheidungen treffen sollte. Alles, was ich mir vornahm, bedurfte einer gewissen Vorbereitungszeit. Sei es einen Spaziergang oder einen Einkauf machen. Ich bereitete mich jedes Mal aufs Neue vor, sobald ich wusste, ich verlasse das Haus.

Alles brauchte seine Zeit ...

Danke!

Ich sagte dir nie, wie sehr ich dich mag,
so fühlte ich mich schuldig, glaubte, dass ich dies nicht ertrag.
Mehr als vier Monate ist unser Abschied nun her,
tausende Tränen geflossen und noch immer so schwer.

Doch ich seh' wieder Sterne und ich sehe auch Licht,
wenn ich die Augen dann schließe, seh' ich auch dein Gesicht.
Inzwischen wird die Trauer zaghaft von etwas Schönem umhüllt,
mein Herz wird nun täglich mehr mit Dankbarkeit ausgefüllt.

Ich durfte dich kennen, durfte lachen und dich lieben,
so schöne Erinnerungen an uns, sie sind mir geblieben!
Was wir verloren mit dir, ich darf es beklagen,
doch was ich erhalten habe, durch dich,
wird mein Herz mit mir tragen!

Sabine Mann für ihren Stiefsohn
20.12.05

Einbrüche und Abstürze

Ungefähr vier Monate nach dem Suizid meines Sohnes überfiel mich immer wieder das Gefühl, Enrico käme bald wieder zurück nach Hause. Die Türe würde sich öffnen und er stünde plötzlich wieder lächelnd vor mir.

Ich dachte, mein Leben sei nur ein Traum, beziehungsweise, ein Albtraum. Ich würde eines Tages aus meinem Albtraum erwachen. Mir kam es vor, als habe ich einen schwierigen Test zu bestehen, der mit dem Erscheinen von Enrico enden würde.

Einerseits war mir vollkommen klar, dass Enrico nicht wieder zurückkam, jedoch andererseits gab mir der Gedanke an Enricos Rückkehr Halt und Zuversicht.

Ich getraute mich nicht, mit anderen Menschen darüber zu sprechen. Ich wollte nicht, dass sich meine Familie und meine Freunde Sorgen um mich machten. Ich dachte, sie würden mich nicht verstehen. Auch wollte ich mir die Illusion durch das rationale Denken meiner Mitmenschen, nicht nehmen lassen.

Also bewahrte ich mein kleines Geheimnis für mich und gab mir alle Mühe, mir nichts anmerken zu lassen. Um die Zeit bis zur Rückkehr zu überbrücken, strengte ich mich an, mein Leben relativ geordnet zu gestalten. Nach Außen sah es aus, als habe ich „das Schlimmste überwunden".

So konnte ich sicher gehen, dass mir niemand mein Wunschbild zerstörten würde.
Obwohl ich in dieser besagten Zeit sehr viel im AGUS-Forum schrieb, teilte ich auch dort niemandem meine Gedanken mit. Die Angst, geweckt zu werden, war zu groß. Die Wahrheit, obwohl ich sie kannte, schmerzte mich zu sehr. Mehr noch, sie war unerträglicher als zu Beginn. Ich wollte die Realität auf keinen Fall bewusst erleben.

Die Tage verstrichen und ich wartete auf die Wiederkehr meines Sohnes. Allerdings vergebens.
Ich strengte mich noch mehr an, mein Leben „vorbildlich" zu leben, sodass Enrico schneller wieder zurückkommen konnte.
Jedoch mit jedem Tag der verging, ohne dass Enrico zur Türe herein kam, wurde mein Herz schwerer.

Im Trauerkreis, zu dem ich von meinem Pfarrer eingeladen wurde, hörte ich von den „Trauerphasen nach Verena Kast".
Dort wird die Phase „Nicht Wahr haben wollen" beschrieben. Dass jeder Trauernde sie in der Anfangszeit durchleben würde. Jedoch erlebte ich diesen Zustand ein weiteres Mal. Diese Erkenntnis erfüllte mich mit Angst und Unsicherheit. Ich hatte Angst, verrückt zu werden und war unsicher, ob ich darüber reden sollte oder nicht.

Bin ich noch normal, obwohl ich diese Phase ein zweites Mal erlebe und durchlebe?

Ist mein Herz wieder an dieselbe Stelle zurück gefallen, obwohl ich mich nicht habe gehen lassen?
Was habe ich falsch gemacht?

Die Phase „nicht wahr haben wollen" trat beim zweiten Mal viel intensiver auf, als zu Beginn meiner Trauer.
Mir war, als höre ich einige Male den Schlüssel im Türschloss und wartete gespannt auf Enricos Worte: „Ich bin dahaa - wer nohooch?".

Eines Tages fing ich wieder unkontrolliert zu weinen an. Meine Kraft war am Ende. Meine Trauer, mein Schmerz, meine innere Einsamkeit, meine Schuldgefühle, die Frage nach dem Warum - alles war wieder da.

Ich schrieb mein „Gedankenwirrwarr" nieder:

Muss ich da wieder durch? Ich will nicht schlafen, weil ich wieder diese Albträume bekomme.

Enrico, komm doch einfach wieder zurück und alles ist gut. Lass uns doch etwas zusammen kochen - was hältst Du davon? Ich bin Dir auch nicht böse, dass Du mir vorher so wehgetan hast.

Versprochen! Ich schimpfe auch nicht mit Dir.

Was kann ich tun, damit Du wieder zurück kommst? Ich tue es auch - wenn ich kann ... Ich würde ALLES tun, damit Du wieder kommst. Ist mir egal, was die anderen denken .Ist mir auch egal, ob es realistisch ist, oder nicht!!

Scheißegal!
Ich weiß es ja selbst.
TROTZDEM

Vernunft, na und?
Meine Gedanken sind nicht vernünftig.
Na und?
Sind ja auch meine Gedanken- ich kenne Deine ja nicht!
Du hast nicht mit mir darüber geredet.
Warum denn nicht?

ENRICOOOO!

Diese und ähnliche Gedanken kamen in den unmöglichsten Momenten hoch. Ich konnte meine Gedanken nicht kontrollieren. Aus dem Haus traute ich mich auch kaum noch. Es war mir peinlich in der Öffentlichkeit zu weinen. Ich wollte auch nicht angesprochen werden.

Mir wurde klar, dass es an der Zeit war, mit jemanden über meine Empfindungen zu reden. Meine Hoffnungen, Enrico wieder zu sehen, schwanden unaufhaltsam dahin und das verursachte mir körperlichen Schmerz. Ständige Kopfschmerzen begleiteten mich durch die Tage.

Ich beschloss, dass die Menschen aus dem AGUS-Forum meine Anlaufstelle sein könnten. Wenn mich jemand verstehen würde, dann sind es diese Menschen.
Dem war auch so.

Nachdem ich meine Situation schilderte, schrieben mir andere Betroffene, es sei ihnen fast genau so ergangen, wie mir. Dieses Gefühl sei völlig normal. Es hieß, nachdem der erste Schock vorüber war, würde ich nun lernen zu realisieren. Ob ich es wolle oder nicht. Ich sei auf einem guten Weg. So fühlte ich mich allerdings ganz und gar nicht.
Ich fühlte mich wieder sehr einsam ohne meinen Enrico.

Folgendes möchte ich Dir damit sagen:
So unterschiedlich, wie wir Menschen sind, so sind auch die Wege der Trauer eines jeden andersgeartet. Wir erleben uns neu, denn die Situation, in der wir uns befinden, ist eine völlig neue Situation.

Du wirst immer wieder Momente erleben, die Dich zurück schmeißen. Hab keine Angst davor, denn es ist absolut normal.

Passe insofern gut auf Dich auf, dass Du in Dich hinein horchst. Es gibt Zeiten, in denen Du denkst, Du seiest stark und Du hast das Schlimmste überwunden. Dies kann jedoch ein Trugschluss sein.

Sei geduldig mit Dir, denn bedenke immer, Deine Situation hat Dich total aus der Bahn gerissen.

Tue all das, was Dir gut tut. Wenn es Dir gut tut, Dich hinzusetzen und Musik zu hören, dann tue es.
Wenn es Dir gut tut spazieren zu gehen, dann tue es.
Wenn es Dir gut tut zu weinen, dann tue es.

Aber bitte achte darauf, dass Du nicht Nichts tust, denn dann ist die Gefahr sehr groß, dass Du in ein tiefes Loch fällst.
Gib Dir Zeit mit allem, was Du tust und machen möchtest.
Weine ruhig und denke nicht, Du seiest stark genug oder Du musst stark sein. Für wen willst Du stark sein?

Rede viel mit anderen Personen Deines Vertrauens, denn jetzt ist es noch wichtiger für Dich zu erfahren, dass Du auf dem richtigen Weg bist, denn Du fühlst Dich stark und auf einmal wieder sehr schwach.

Du kannst neue schöne Situationen erschaffen, in denen Du Dich gut fühlst.
(Siehe auch das Kapitel Save-Aktionen)
Diese Aufgabe solltest Du Dir häufiger stellen, denn es ist wichtig, dass Du Dich mit der veränderten Situation auseinander setzt.

Es ist zudem auch wichtig zu wissen, dass Du immer wieder kleine Einbrüche in Deiner Trauer bekommen kannst. Es kann immer wieder ein Tag dabei sein, an dem Du Dich sehr traurig fühlst. Es ist völlig normal für uns. Jedoch werden diese Tage mit der Zeit weniger werden und die Anzahl Deiner guten Tage werden mehr werden. Das habe nicht nur ich festgestellt, sondern andere Suizidhinterbliebene haben es auch erfahren.

Wenn Du fröhlich bist, dann lache mit gutem Gewissen, denn das darfst Du natürlich auch.

Meine Veränderungen

Wikipedia, die freie Enzyklopädie, hat folgende Definition für „Veränderung“ ins Internet gesetzt:

„Damit beschreibt der Begriff ‚Veränderung‘ den Ablauf oder Verlauf einer stofflichen oder auch nichtstofflichen Umwandlung, also eines Wechselprozesses im Rahmen der benötigten Zeiteinheit.

Während Veränderungen normalerweise bewertungsfrei sind, findet im Alltag häufig eine sprachlich-psychologische Bewertung statt. Beispiele sind zu finden in: Abkehr oder Abwendung, wo eine Anpassungsreaktion stattfindet, während eine aktive Verbesserung in Korrektur und Modifikation deutlich wird.“

Jeder Mensch erlebt in seinem Leben einige Veränderungen. Als erwachsener Mensch sind wir meist darauf vorbereitet. Manchmal rufen wir die Umgestaltungen vorsätzlich hervor. Zum Beispiel bei Umzügen, Partnerschaften, Arbeitswechsel und so weiter.

Als Kind haben wir kaum einen Einfluss auf eine veränderte Lebenssituation, denn die Entscheidung, wie und wo wir unser Leben führen, wird uns, bis zu einem gewissen Alter, von den Erwachsenen abgenommen. Jedoch sind wir im Kindesalter flexibler und können uns daher relativ gut anpassen.

Auch haben wir die Möglichkeit uns Stärke, Halt und Kraft von den Bezugspersonen zu holen.

Veränderungen der Lebenssituationen durch Krankheiten oder Naturkatastrophen oder gar dem Tod sind für uns schwer zu verarbeiten, denn wir wurden im Vorfeld nicht darauf vorbereitet.

Ich hörte die Nachricht von Enricos Tod und ALLES veränderte sich in mir. Es geschah unerwartet und ohne Vorwarnung. Niemals zuvor habe ich darüber nachgedacht, dass mich dieses Schicksal eines Tages ereilen würde.
Die Worte meiner Schwester: „Enrico hat sich das Leben genommen ...“ wirkten auf mich wie ein riesiger Schalter, der mit voller Wucht umgelegt wurde. Plötzlich stand ich im Dunkeln.

Mein Herz raste, meine Knie zitterten, ich empfand einen stechenden Schmerz in meinem Kopf, meine Brust zog sich zusammen, sodass ich keine Luft bekam, ich verlor den Boden unter den Füßen.

Nicht nur körperliche Veränderungen, auch geistige Veränderungen traten auf. Gedanken, Gefühle und Wahrnehmungen machten sich von diesem Moment an selbstständig.

Alles war plötzlich anders, ob ich es wollte oder nicht. Damit musste ich mich abfinden.

Eine Sekunde veränderte mein gesamtes Leben. Ab diesem Zeitpunkt musste ich mich auch ändern, denn diese Situation zwang mich dazu.

Wie unfair und gemein - dachte ich.
Ich war unter anderem sehr wütend auf Enrico. Er brachte mich in diese Situation. Er stellte mich vor vollendete Tatsachen!
Unwiderruflich! Unwiederbringlich! Endgültig für alle Zeit! Nie wieder rückgängig zu machen!
So sehr ich mich auch nach meinem Sohn sehnte, lag es nicht in meiner Hand, diese Veränderung rückgängig zu machen.

Unbändige Angst überfiel mich.
Was kommt auf mich zu? Wo finde ich Schutz? Wie geht mein Leben weiter? Wer hilft mir?

Viele Fragen und keine Antworten in Sicht. Ich stellte daher für mich Folgendes fest:

Nebel	der Schutz meiner Seele
Vergesslichkeit	der Schutz meiner Seele
Tränen	der Schutz meiner Seele
Wut	der Schutz meiner Seele
Forschen	der Schutz meiner Seele
Neuanfang	der Schutz meiner Seele
Aktionismus	der Schutz meiner Seele

Ich bemerkte, dass sich mein komplettes Leben nach dem Tod von Enrico so sehr änderte, dass ich in mein zuvor geführtes Leben nicht mehr hineinpasste.

Bedingt durch die veränderten äußeren Umstände musste ich gezwungener Maßen auch eine Veränderung im Inneren durchleben, was wiederum zu äußeren Veränderungen führte.

Rückblickend stelle ich fest, nach Enricos Suizid veränderte ich mein Leben drastischer als je zuvor. Was, wann und wie ich mein Leben veränderte, möchte ich Dir in diesem Kapitel darlegen.

Zu jenem Zeitpunkt, als Enrico ging, hatte ich einen befristeten Arbeitsvertrag als Schauwerbegestalterin. Er lief einen Monat später aus. Demnach war ich vier Wochen nach Enricos Tod Arbeit suchend. Das hieß für mich, ich hatte keinen Grund morgens aufzustehen und einen „normalen" Tagesablauf zu gestalten. Jedoch mithilfe meines ältesten Sohnes schaffte ich meinen Tag dennoch, früh zu beginnen.

Damit ich nicht den ganzen Tag zu Hause saß, nahm mich meine Schwester zum Sport mit. Wir gingen zum Frauensport. Das war für mich wichtig. Denn sobald ich einem jungen Mann, der ungefähr das Alter meines Enricos hatte, begegnete, liefen mir Tränen übers Gesicht.

Die Bewegung, die regelmäßigen Treffen mit meiner Schwester und die darauf folgenden Unterhaltungen empfand ich als sehr angenehm. Ich fühlte mich danach kurzzeitig wohl.

Um nicht den ganzen Tag zu grübeln, brauchte ich eine Beschäftigung. Arbeiten wollte ich noch nicht. Ich fühlte mich zu kraftlos. Animiert durch anderen Menschen, wollte ich wieder anfangen zu malen.
In meiner Vergangenheit war Malen ein großes Hobby von mir. Es würde mir bestimmt gut tun, hieß es.

Jedoch entstand nur ein einziges Bild auf meiner Staffelei. Schnell verlor ich die Lust am Malen, denn ich dachte immerfort an Enrico und ob ihm wohl dieses Bild gefallen würde.

Das Malen machte mich noch trauriger als ich ohnehin schon war. Es war in dem Moment nicht die richtige Beschäftigung für mich. Daher beschloss ich all meine Malutensilien wieder wegzustellen und vielleicht später einmal wieder heraus zu holen.

Meine Mum erinnerte mich daran, dass ich in meiner Vergangenheit immer gerne geschrieben hatte. Es hatte mir Kraft gegeben und ich sei mit meinen Situationen damals besser fertig geworden.
Das stimmte genau. Wie konnte ich das nur vergessen?

Einen Brief an Enrico schrieb ich bereits in den ersten zwei Wochen nach seinem Tod. Danach hatte ich keine Ambitionen mehr zu schreiben.

Sechs Wochen nach Enricos Tod fing ich wieder an regelmäßig zu schreiben. Ich führte so eine Art Tagebuch. Allerdings schrieb ich auf irgendwelchen Zetteln meine Gedanken auf. Völlig unsortiert.

Ich schrieb auf dem Computer und ich schrieb auch auf Zetteln. So, wie ich mich gerade fühlte. Merkte aber schnell, dass auf Papier zu schreiben für mich erfüllender war. Mit jedem Wort, welches aus dem Stift heraus kam, verschwand ein Stück meines Schmerzes. Und mein Schmerz war unendlich groß. Dass diese Zettel eines Tages dazu beitragen würden, dieses Buch zu schreiben, war mir nicht bewusst. Mir war nur wichtig, mich besser zu fühlen.

Schnell spürte ich, dass ich eine Regelmäßigkeit in meinem Leben brauchte. Ich dachte darüber nach und stellte fest, dass ich gerne irgendetwas lernen würde. Also absolvierte ich vom 13.10.2008 bis 19.12.2008 einen Computerkurs.

Das frühe Aufstehen und das intensive Lernen verhalfen mir dazu, meine Gedanken besser zu ordnen. Mein Selbstbewusstsein kam mit jedem Lernerfolg wieder ein kleines bisschen mehr zu Tage. Ich lernte mit Windows, Word, Excel, Powerpoint, Access und dem Internet umzugehen.

Als die drei Monate vorbei waren, lud mich meine Freundin aus einer anderen Stadt ein, sie besuchen zu kommen. Das war gar nicht so einfach für mich, denn ich wollte meine gewohnte Umgebung nicht verlassen. Nach anfänglichen Zweifeln fuhr ich letztendlich für eine Woche zu ihr und ihrer Familie.

In dieser einen Woche erkannte ich, dass mir die Entfernung zu meinem Zuhause gut tat. Auch verlor ich mit Hilfe meiner Freundin die Angst, Bücher zu lesen. Sie las mir einige Passagen aus dem Buch „The Secret“ von Rhonda Byrne vor. Dies war das erste Buch, welches ich nach dem Tod von Enrico las. Weshalb ich zuvor kein Buch lesen wollte, war die Tatsache, dass ich in der Bibel keine „Strafmilderung“ für Enricos Suizid fand. In dem Kapitel „Gott und ich“ gehe ich gesondert darauf ein.

Weihnachten feierte ich zu Hause mit meiner Familie. Wieder weinte ich sehr viel, denn Enrico fehlte mir an allen Ecken und Enden; wie man so sagt.
Im neuen Jahr meldete sich Marion, eine andere Freundin, bei mir. Sie wohnte und arbeitete als Hotelmanagerin in Erlangen, was über 500 km von mir entfernt lag. Daher wusste sie noch nichts von Enricos Tod. Als ich es ihr erzählte, war sie fassungslos.

Sie überlegte, wie sie mir helfen könnte und bot mir an, in ihrem Hotel einen Monat lang ein Praktikum zu machen. Erstens, um auf andere Gedanken zu kommen und zweitens, um mir zu helfen, wieder Verantwortung tragen zu können.
Ich hatte große Bedenken und äußerte sie ihr gegenüber. Ich erzählte Marion von meiner

Unsicherheit und der Angst, die Verantwortung nicht übernehmen zu können. Ich hatte große Furcht, Fehler zu begehen.

Ein Praktikum und auch noch in einem Hotel.

Was mich letztendlich zu diesem Schritt, das Praktikum im Hotel zu machen, veranlasste, war die Tatsache, immer wieder die Hilfe meiner Freundin annehmen zu können und mich zurückzuziehen, falls es mir doch zu viel werden würde.

Mit gemischten Gefühlen und mindestens 50 kg Gepäck trat ich mein Praktikum Anfang Februar 2009 in Erlangen an.
Dort lernte ich meine jetzige und wertvolle Freundin Sabine Mann persönlich kennen. Da Sabine dort wohnte, kam sie mich ein paar Mal im Hotel besuchen.
Wieder in meiner vertrauten Wohnung zurück, musste ich mich sofort auf einen Umzug vorbereiten, wozu ich immer noch nicht bereit war. Durch den Tod von Enrico und durch meine damalige Arbeitslosigkeit war ich gezwungen meine 120 qm große Wohnung irgendwann aufzugeben.

Dieses „irgendwann" war Anfang April, jedoch dachte ich, es sei Ende April. Das Resultat war: mir blieben nur drei Wochen Zeit. Dann musste ich die Wohnung verlassen haben, denn die Arge bezahlte sie ab dem Zeitpunkt nicht mehr.

Wo sollte ich in so kurzer Zeit hinziehen?

Was mache ich denn jetzt? Oh nein, ich sitz auf der Straße. Wo soll ich hinziehen? Ich fühl mich völlig allein. Enrico, was soll ich tun?

Fast überfiel mich die Panik. Ich merkte, dass sich mein Körper zusammenzog und ich rief mal wieder meine Freundin Regina an.

Nach einem beruhigenden, langen Gespräch mit ihr konnte ich meine Gedanken besser ordnen.

Nun, ich hatte zwei Möglichkeiten.
Entweder zog ich innerhalb des Dorfes, in dem ich zu der Zeit wohnte, um, oder ich zog in eine andere Stadt, in der ich einen Neuanfang starten könnte.

Natürlich besprach ich diesen Schritt mehrmals und immer wieder mit meiner Familie und meinen anderen Freundinnen. Auch die Meinung meines Therapeuten wollte ich für meine Entscheidung berücksichtigen. Wieder einmal war ich sehr unsicher.

Eine alleinige Entscheidung zu fällen traute ich mir nicht zu, obwohl es um mich und meine Zukunft ging. Falls ich in eine andere Stadt ziehen würde, wollte ich auf gar keinen Fall den Anschein erwecken, ich sei aus dem Dorf geflohen.

Alle Menschen, deren Meinung ich erfragte, waren der Ansicht, es sei gut für mich, in eine andere Stadt zu ziehen und es habe nichts mit Flucht zu tun.

Daraufhin beschloss ich mich zu einem Ortswechsel um zu heilen.

Was mir besonders schwer fiel, war die Trennung von einigen besonderen Gegenständen. Aus Platzmangel musste ich mich von sehr vielen Erinnerungsstücken trennen. Das tat mir in der Seele weh.

Es war für mich schon schlimm genug, dass ich ohne Enrico leben musste- jetzt musste ich mich auch von der Wohnung trennen und von vielen Andenken.

Ich hatte nur diese drei Wochen Zeit eine neue Wohnung zu finden und den Umzug zu organisieren. So zog ich nach Hagen. 130 km entfernt von meinem damaligen Zuhause. Eine meiner Freundinnen und meine Tante lebten auch dort. Glücklicherweise fand ich sehr schnell eine Wohnung.

Meine Freundin kümmerte sich gleichzeitig um einen Weiterbildungsplatz für mich, sodass die Arge meine Umzugskosten übernahm. Mein Umzug war mit sehr vielen Formalitäten verbunden. Rennerei von einem Amt zum Nächsten, was mich schnell an meine körperlichen und seelischen Grenzen brachte. Ich war sehr froh, dass meine Freundin mir zur Seite stand und einige Dinge für mich erledigte, die sie mir abnehmen konnte.

Sieben Wochen benötigte ich, um meine Wohnung so herzurichten, dass ich darin wohnen konnte. Für diese Zeit zog ich zu meiner Freundin und ihrer Familie.

Allerdings fing in diesen sieben Wochen bereits meine Weiterbildung zur „Wach- und Sicherheit“ an. Es war sehr anspruchsvoll, denn diese Schulung hatte nichts mit meinem erlernten Beruf Raumausstatterin zu tun.

Deutsches Recht, sowie Sicherheitstechnik und verschiedene Paragraphen musste ich auswendig lernen. Manchmal war mir einfach alles zu viel, was auf mich zukam. Aber ich hatte mich nun mal dazu entschlossen.

Am 31. August 2009 erhielt ich mein Zertifikat. "Erfolgreich als Wach- und Sicherheitsfachfrau mit IHK-Sachkundeprüfung gem. § 34 a GewO bestanden."

Am 28. September 2009 bestand ich erfolgreich das Modul Englisch und meine Waffensachkunde legte ich am 11. Dezember 2009 erfolgreich ab.

Die bestandenen Prüfungen waren das Ergebnis meines beharrlichen Lernens. Immer wieder musste ich mich zusammenreißen, um nicht aufzugeben. Letztendlich habe ich die Prüfungen mit einer hohen Punktzahl bestanden.

Diese Veränderungen in meinem Leben verursachte ich letzten Endes selber. Zwar führte ich sehr viele Gespräche, um mein Handeln von anderen Menschen bestätigen zu lassen, dennoch habe ich diesen Wechsel alleine für mich in Angriff genommen.

Diese Umgestaltungen meines Lebens trugen gravierend zu meiner Entwicklung bei. Folgendes habe ich im Nachhinein aus dieser Zeit gelernt:

Prioritäten zu setzen.
Ich bin in meinem Leben die einzige Person, welche dem Menschen, den Gegenständen und den Daten eine Bedeutung gibt. Es liegt ausschließlich nun in meinem Ermessen, wer oder was in welchem Maße für mich bedeutend und wichtig ist.
Veränderungen oder Erneuerungen sind oft schmerzlich, aber noch schmerzlicher ist es, wenn Du nicht darauf reagierst oder sie nicht wahr haben willst.

Die Zeit läuft ohne Halt weiter. Was Du daraus machst, liegt nur an Dir. Niemand kann Dir Entscheidungen, die Dein weiteres Leben beeinflussen, abnehmen. Zwar kannst Du Dir Rat holen von Menschen, die Du befragen möchtest, doch Du musst den Schritt gehen.

Auch wenn Du „nichts“ tust, dann tust Du doch etwas. Du entscheidest Dich fürs „Nichtstun“.
Falls es Dir damit gut geht, ist es die richtige Entscheidung. Falls Du Dich schlecht fühlst, solltest

Du darüber nachdenken, was Du tun kannst, damit es Dir wieder gut geht. Das „Nichtstun“ ist zwar anfänglich der einfachste Weg, den Du gehen kannst, aber schon nach kurzer Zeit wird er immer schwieriger und holpriger, falls es der falsche Weg ist.

Der Suizid Deines geliebten Menschen hat Dich bereits verändert. Du musst Dich zwangsweise auch ändern. Es fragt Dich niemand, ob es Dir gefällt oder nicht gefällt.

Ich weiß, dass dies harte Worte sind, aber denke einfach nur einmal darüber nach. Du lebst Dein Leben und was möchtest Du aus Deinem Leben machen?

Das erste Weihnachten ohne Enrico

Ich hatte eine so große Angst vor dem „Fest der Liebe“, dass ich kurzerhand Weihnachten innerlich zur Seite schob. Ich wollte Weihnachten erst gar nicht wahrnehmen. Es sollte für mich in dem Jahr 2008 nicht existieren.

Wenn ich es ignoriere, dann geht es einfach vorüber.

Sobald mir Weihnachten in den Sinn kam, fing ich bitterlich an zu weinen. Enrico hatte in den letzten Jahren das weihnachtliche Schmücken übernommen. Wer soll es jetzt machen? Denn ich wollte es nicht übernehmen!

Wenn ich jetzt weihnachtlich schmücke, dann weiß ich ganz genau, dass Enrico nicht mehr wiederkommt. Das will ich auf gar keinen Fall, denn es kann ja sein, dass er doch wieder vor der Türe steht.

Als ich dann das erste Mal in ein Geschäft ging, in dem Weihnachtsdekorationen verkauft wurden, zitterten meine Knie und ich kämpfte mit den Tränen. Schnurstracks verließ ich das Geschäft, ohne etwas zu kaufen.

Was war diese Zeit anstrengend für mich und dass ich mich damit auseinandersetzen musste. Ich versprach meinen anderen beiden Söhnen, dass wir Weihnachten wieder gemeinsam verbringen würden.

Wie kann ich nur so etwas versprechen?

Die Zeit raste unaufhaltsam. Sogar noch viel schneller als zuvor. So empfand ich es zumindest, denn ich hatte, wie bereits erwähnt, große Angst vor Weihnachten.

Der Gedanke, Enrico käme zurück, schlich sich immer wieder bei mir ein. So stellte ich zum wiederholten Male für mich fest, dass alles nicht wahr sein könne. Ich würde wieder einmal in einem Traum leben.

Die Vorweihnachtszeit war unerträglich für mich. Jeden neuen Tag empfand ich als eine neue Qual. Allerdings wollte ich niemandem auf die Nerven gehen und zog mich mehr und mehr zurück.

Ich saß stundenlang vor meinem PC und spielte simple Spiele, sodass ich nicht über die Realität, die mir zu sehr wehtat, nachdenken musste.

Die Tage vergingen in meinen Augen schneller und meine Angst vor Weihnachten lastete auf meinen Schultern. Sie verursachte mir Bauch- und Kopfschmerzen. Trotz alledem wollte ich nicht darüber reden.

Nachdem mich meine Freundin, die 130 km von mir entfernt wohnte, mich für ein paar Tage zu sich einlud, wurde mir bewusst, dass ich einen Tapetenwechsel benötigte. Ich wäre nie alleine auf die Idee gekommen, einen kleinen Urlaub zu machen, denn ich hing an allem, was mit Enrico zu tun hatte. Ganz besonders hing ich an meiner Wohnung.

Obwohl ich anfänglich unschlüssig war, fuhr ich dennoch zu ihr und ihrer Familie. Ich packte all die Gegenstände ein, die mir sehr wichtig waren. Bilder, Bücher, Kissen, Schreibutensilien, meine Enrico-Kiste und etwas Kleidung für mich. Jedoch vergaß ich meine Zahnbürste. Daran kann ich jetzt erkennen, dass mir alles andere wichtiger war, als ich mir selbst.

Der Besuch bei meiner Freundin hat sehr viel in mir bewirkt. Insbesondere die Unterhaltungen mit ihren Kindern änderten meinen Blickwinkel. Da wir uns zu diesem Zeitpunkt bereits neun Jahre kannten, kannten ihre Kinder selbstverständlich meine Jungs. Wir hatten in der Vergangenheit schon viele schöne Tage gemeinsam verbracht.

Ins AGUS-Forum schrieb ich über meinen Kurzurlaub Folgendes:

Ihr Lieben…

Nun sind schon 3 Wochen vergangen, nachdem ich in Hagen bei meiner langjährigen Freundin und ihrer Familie war.

Wie soll ich es sagen? Es war einfach wunderbar:
Ich zehre immer noch davon. Wir haben viel geredet und geweint und wieder geredet.
Wir haben ein so unbeschreiblich erholsames und schönes Wochenende verbracht. Die Kinder waren so wunderbar einfühlsam und lieb.

Ich kann es kaum beschreiben - versuche es aber ...
Als ich ankam, sind wir auf dem Weg nach Hause über den Weihnachtsmarkt gegangen. In Hagen ist es sehr schön - mit Schlittschuhbahn, Riesenrad und Weihnachtsständen mit Märchenerzählern.

Der Schnee fiel leise auf uns und meine Tränen liefen wieder.
Enrico kann es nicht mehr sehen - waren meine Gedanken.
Stimmt auch! Aber er hat sich dazu entschlossen - Wie dumm von ihm - Es tut mir weh!

Trotzdem fühlte ich mich gut - seltsam, aber so war es.
Als wir nach Hause (zur Sylvie) kamen, war das Hallo von den 3 Kindern, die noch zu Hause leben, sehr groß und liebevoll. Es rührte mich wieder zu Tränen.
Das machte aber die Stimmung nicht kaputt.

Wir weinten einfach gemeinsam und verbrachten einen schönen Abend mit Essen und Erzählen. Schön.
Am nächsten Tag sind wir gemeinsam - natürlich mit den Kindern - durch die Stadt gebummelt und auch über den Weihnachtsmarkt.

Wir waren sage und schreibe 6 Stunden unterwegs. - Zu Fuß natürlich.
In dieser Zeit habe ich auch viel mit den Kindern reden können - besonders über Enrico.
Das kam von ganz alleine und war einfach toll.

Ich weiß nicht, ob ich es so richtig rüber bringen kann, aber diese offene und lebendige Art, vom 13-jährigen Marius, mir zu sagen, wie wichtig ich schon immer für ihn war und es noch bin, hat mein Herz sehr berührt.
Meine Freundin und ich haben schon immer viel gemeinsam mit unseren Kindern unternommen.

Wir sind auch gemeinsam in den Urlaub gefahren.
Wir kennen uns schon 9 Jahre - 9 wunderbare Jahre..
Um es abzukürzen - Wir haben sehr viele wichtige Gespräche geführt und ich habe auch einfach nur zugehört. Viele Dinge sind jetzt endlich vom Kopf zum Herzen angekommen.
Als ich dann am Sonntagabend nach Hause fuhr, fühlte ich mich ganz anders - einfach wunderbar ... Ich habe viel mitgenommen und immer noch behalten.
Ich genieße jetzt immer noch meinen Gedanken, dass ich weiterleben möchte und auch will!

Enrico sieht es bestimmt auch so und er freut sich bestimmt daran, dass es mir gut geht.

Hoffe, ich konnte Euch ein wenig von dem rüber bringen, was ich schönes erlebt habe.

Enrico war immer dabei!

Liebe Grüsse sendet Euch
Annette- mit Enrico im Herzen

Die Weihnachtstage rückten immer näher und irgendwann hörte ich auf, mir Gedanken um Weinachten und um das Fest zu machen. Weihnachtlich schmücken wollte ich dennoch nicht. Nur hier und da stellte ich kleine Weihnachtsdekorationen auf. Die Wohnung sollte nicht gar so kahl erscheinen.
Ich wollte das erste Weihnachten ohne Enrico ganz anders verbringen, als all die Jahre zuvor. Meine Freundin Julia machte mir den Vorschlag an Weihnachten zu brunchen. Da ich diese Idee richtig gut fand, setzte ich sie in die Tat um.

Meine Freundin Regina und ihre Tochter kündigten sich für die Weihnachtstage an. Natürlich waren meine beiden Söhne auch bei mir.

Enrico! Du bist einfach nicht da! Komm doch wieder zurück!

Für Enrico stellten wir eine weiße Kerze auf, welche über Tag ununterbrochen brannte. Sobald wir die Räume wechselten, nahmen wir die Kerze mit. So war mir Enrico immer nahe. Mein Blick fiel sehr oft auf die Kerze und Tränen liefen mir manchmal über das Gesicht.

Obwohl wir brunchten, kochte ich trotzdem unser Weihnachtsessen - mit vielen Tränen ...

Auch wollte ich zum Gottesdienst gehen - meine Freundin Regina begleitete mich. Ohne sie hätte ich

es nicht geschafft, denn ich bekam vom Gottesdienst kaum etwas mit - wegen all meiner Tränen.
So vergingen die Weihnachtstage und ich war überrascht, dass es mir dennoch so relativ gut ging.

Es war ganz wichtig, dass ich meine lieben Menschen um mich herum versammelte. Jeder Einzelne hatte viel Verständnis für mich und für meine Tränen aufgebracht. Weihnachten hätte ich nicht alleine verbringen können, denn die Emotionen waren sehr groß.

Das Verständnis und die Liebe meiner Familie und meiner Freunde halfen mir sehr, diese Tage zu überstehen.

Ich danke Euch für Euer Dasein!

Mein Innen lebt ohne Masken

Mein Innen ist meine Seele, mein Ich. Sie wurde durch den Suizid von Enrico schwer verletzt. Nein, verletzt ist nicht das richtige Wort, was den damaligen Zustand meiner Seele beschreibt.

Meine Seele blutete durch mehrere offene, klaffende Wunden. Es fühlte sich an, als seien große Stücke aus ihr herausgerissen worden. Sie war voller Löcher und auch voller Geschwüre, die unbändig schmerzten.

Mein Innenleben musste heilen. Ich fragte mich immer wieder, was ich tun könne, um schnellstens zu gesunden? An welchen Ort könnte ich gehen, um schleunigst zu genesen? Am liebsten wäre ich in ein Gesundungshaus für Seelen gegangen, hätte mich dort in ein Bett gelegt, verbinden lassen und abgewartet, bis ich vollständig kuriert sein würde. Aber so einfach war es nicht.

Meine Seele war so verletzlich wie die eines neugeborenen Kindes. Bei jeder kleinen unangenehmen seelischen Berührung, die ich von außen spürte, begann ich sofort zu weinen und zog mich voller Angst direkt in mich zurück.

Auch fühlte ich mich schmutzig, denn die selbst auferlegte Schuld verdreckte und schwärzte meine Seele mehr und mehr. Ich erkannte mich nicht wieder, denn alles war anders als zuvor. Mein vertrautes Inneres wurde von dem mir selbst auferlegten Schuldzuspruch völlig eingenommen.

Nun besaß ich eine blutende, empfindliche und verschmutzte Seele. Sie war mir völlig fremd. Gehörte diese verwundete Seele wirklich mir?
Wem sonst?
Ich musste mit ihr zurechtkommen.
Wie sollte ich das bloß anstellen? Ich fühlte mich so hilflos, einsam und verloren, dass ich es hier mit Worten kaum beschreiben kann.

Sind wir doch mal ehrlich:
Wen interessiert es wirklich, wie es in Dir aussieht?

Abgesehen von den Menschen, die Dir wahrlich nahe stehen. Sie machen sich Gedanken um Dich und suchen nach Lösungen, wie sie Dir helfen könnten. Nichtsdestotrotz leben sie ihr eigenes Leben.

Meine Freundin Regina war ab dem ersten Moment bei mir und wich mir für eine ganze Woche nicht von der Seite. Tag und Nacht. Sie redete mit mir, sie schwieg mit mir, sie weinte mit mir. Dennoch konnte sie meinen Schmerz nicht lindern, geschweige denn, ihn mir abnehmen.

Trotz der Gedanken, die sie sich um mich machte, änderte sich in mir nichts. Ich musste selber sehen, wie ich mit meinem Schmerz zurechtkam. Zwar konnte Regina mir ihre Gedanken mitteilen und mir somit einen Weg zeigen, meine Gedanken in eine andere Richtung zu lenken, aber dennoch lag es an mir, meine Gedankenrichtung herauszufinden. Das war sehr schwer für mich.

Als der erste Schock vorüber und ich wieder alleine in meiner Wohnung war, machten sich meine Gedanken immer häufiger selbstständig. Ich fühlte mich meinem Denken gegenüber machtlos ausgeliefert. Andauernd erschien eine Stimme in meinem Kopf, die mir sagte, ich sei Schuld an allem was passiert war.
Um diese Stimme nicht mehr hören zu müssen, schaltete ich das Radio oder den Fernseher ein und ließ es den ganzen Tag über an.

Den Fernseher ließ ich jede Nacht laufen. Ich konnte nur schlafen, wenn ich andere Stimmen hörte. Die Nächte empfand ich als dermaßen bedrohlich, dass es mir unmöglich war, zur Ruhe zu kommen. Oft träumte ich von Enrico. Sobald ich wach wurde, wusste ich allerdings nicht, was ich geträumt hatte. Immer und immer wieder schreckte ich nachts weinend auf. Albträume verfolgten mich. An Schlaf war dann nicht mehr zu denken.

Tagsüber telefonierte ich jeden Tag mit Regina, meiner Schwester und anderen lieben Menschen. Sie sprachen immer sehr liebevoll mit mir und versuchten mich auf andere Gedanken zu bringen. Für den Moment des Telefongespräches verstand ich das, was sie mir sagen wollten. Jedoch sobald ich den Hörer auflegte, kam diese Stimme wieder zurück und sagte laut und schrillend:

„Ja Annette, sie hatte Recht. ABER TROTZDEM BIST NUR DU AN ALL DEM SCHULD, weil … … …“

Mir schien, ich war dieser Stimme in meinem Kopf hilflos ausgeliefert.

Als ich dieses Kapitel durcharbeitete, überlege ich ernsthaft, ob ich den folgenden Artikel wahrheitsgemäß veröffentlichen sollte oder genau diesen Teil, der jetzt folgt, auslassen sollte. Doch ich bin zu dem Entschluss gekommen:
Ich schreibe die ganze Wahrheit!

Um nachts schlafen zu können, fing ich an, ein Glas Wein zu trinken. Da ich sonst nicht viel Alkohol trank, zeigte der Wein relativ schnell seine Wirkung und ich schlief ein. Nach einigen Abenden reichte ein Glas nicht mehr aus. Es wurden mit der Zeit mehrere Gläser Wein, um meine einsamen Abende erträglicher werden zu lassen.

Tagsüber brauchte ich keinen Alkohol, denn ich hatte Ablenkung durch den Besuch verschiedener lieber Menschen. Auch der Sport lenkte mich von meinen negativen Gedanken ab. War ich tagsüber alleine in meiner Wohnung, schaltete ich das Radio oder den Fernseher an, um die Stille zu durchbrechen.

Nach ein paar Wochen trank ich bereits mehr als eine Flasche Wein pro Abend, um diese Stimme in meinem Kopf nicht mehr hören zu müssen und um den Seelenschmerz besser ertragen zu können.

Noch ein paar Wochen später stieg ich auf Wodka um, denn der Wein zeigte kaum noch seine Wirkung.

Ich trank heimlich und ließ es keinen Menschen wissen, dass ich den Alkohol brauchte. Obwohl ich mich vor mir, meiner Familie und meinen Freunden insgeheim schämte, trank ich weiter. Ich fühlte mich besser, sobald ich einen gewissen Alkoholpegel erreichte.
Meine Seele schmerzte nicht mehr so heftig und ich hörte diese Stimme nicht mehr in meinem Kopf.

Für meinen Alkoholkonsum besaß ich sehr viele gute Ausreden, falls ich mich wieder einmal zu sehr vor mir selber schämte. Unter anderem sagte ich mir, dass der Wodka Medizin für meine Seele sei und dass ich sofort wieder aufhören könne, sobald es mir besser ginge. Meine Situation sei eine große Ausnahmesituation.

Ich versteckte die Flaschen an einem geheimen Ort, sodass meine Schwestern, die mich oft besuchen kamen, nicht sahen, dass ich Alkohol im Haus hatte. Selbst mein großer Sohn, der mich regelmäßig morgens anrief, merkte nicht, dass ich den Abend zuvor getrunken hatte. Das war mir äußerst wichtig, denn ich wollte, besonders vor ihm, mein Gesicht nicht verlieren.

Wochen und Monate vergingen und ich trank bereits jeden Abend Wein oder Wodka, um schlafen zu können. Ohne diese Getränke war es mir nicht

möglich, zur Ruhe zu kommen. Na ja, was man in dem Fall Ruhe nennen kann.
Was mich letztendlich dazu brachte, wieder mit dem Alkohol aufzuhören, war ein Schlüsselerlebnis an einem bestimmten Abend, als ich zur Trauergruppe ging. Diesen Abend werde ich nicht vergessen.

Die Trauergruppe traf sich für sieben Wochen jeden Mittwoch von 19.00 Uhr und endete gegen 20.30 Uhr.
An diesem besagten Mittwochabend stellte ich fest, dass ich noch einkaufen gehen musste. Das wollte ich noch schnell vor dem Trauergruppentreffen erledigen.
Da ich aus zeitlichen Gründen meinen Einkauf nicht nach Hause bringen konnte, beschloss ich, mit meiner Einkaufstasche zum Treffen zu gehen. Allerdings befanden sich in meiner Tasche zwei Flaschen Wodka.
Die Flaschen stießen beim Abstellen der Tasche aneinander. Dieses klingende Geräusch aus meiner Tasche veranlasste einige Menschen aus der Gruppe mich mitleidig anzusehen.
Diese Blicke ...

Oh, was schämte ich mich in diesem Moment. Mir wurde plötzlich sehr heiß, denn ich errötete vor Verlegenheit. Ich fühlte mich erwischt. Niemand der Gruppenmitglieder sprach mich auf meine Tasche und deren Inhalt an. Ihre auf mich gerichteten Blicke sprachen Bände.

So kam es mir jedenfalls vor. Während des Abends dachte ich immer wieder an meinen Alkoholkonsum. Ich konnte mich nicht richtig auf das Beisammensein konzentrieren.

Völlig irritiert kam ich an diesem Abend zu Hause an und begriff plötzlich, dass der Alkohol mir in keinster Weise weiterhalf. Ob es letztendlich die mitleidigen Blicke der anderen Betroffenen waren, kann ich nicht mit Gewissheit sagen.

Aber ich beschloss an diesem Abend sofort mit dem Trinken aufzuhören, bevor es für mich zu spät war. Die zwei Flaschen Wodka aus meiner Einkaufstasche schüttete ich schweren Herzens in die Toilette und weinte jämmerlich.

Von heute auf morgen den gesamten Alkohol wegzulassen war für mich nicht einfach. Denn ich fühlte mich besser nach dem Trinken. „Mich besser fühlen“ war für mich sehr wichtig. Dass es eine Falle werden könnte, war mir allerdings auch sehr bewusst, denn ich hatte in meiner Vergangenheit Menschen erlebt, die dem Alkohol verfallen waren. Daher wollte ich auf gar keinen Fall so enden wie sie.

Vielleicht wird jetzt der eine oder andere Mensch, der dieses Buch liest und mich kennt, geschockt sein. Vielleicht denkt dieser Mensch aber auch: „Das habe ich mir fast gedacht.“
Ich sage nur: „Ja, ich war so.“

Ich musste mich nach dem Schock, der mein Leben veränderte, wieder neu kennenlernen. Dies als Tatsache zu erkennen, war für mich eine große Aufgabe und bereitete mir zeitweise sehr viel Arbeit und auch Angst.

Manche meiner Entwicklungsphasen war sehr schmerzhaft, denn ich fühlte mich oftmals verlassen. Verlassen von mir und meiner Umwelt. Allein auf mich gestellt, ohne Halt, ohne Hoffnung.

Um relativ normal weiter leben zu können, legte ich mir Masken für meine Seele zu. Diese Masken schützten mich vor weiteren Verletzungen der Außenwelt.

Befand ich mich unter Menschen, so besaß ich für verschiedene Situationen dementsprechend unterschiedliche Masken, die ich aufsetze. Diese Masken passten mir nur für eine gewisse Zeit. Allerdings fand ich auch für mein Inneres keine einzige passende Maske, die ich dauernd hätte tragen können.

Jedem Menschen kann ich etwas vormachen - nur mir selber nicht. Das ist unmöglich.
Entweder ich stelle mich der Situation und verarbeite meine Trauer, oder ich schiebe sie auf die Seite. Denn alles was ich vor mir verstecke, oder wovor ich weglaufe, findet mich oder holt mich irgendwann wieder ein.

Jede Handlung, die ich anfänglich vollzog, diskutierte ich mit mir aus. Selbst die kleinsten Aktionen, zum Beispiel ob und wann ich das Haus verlasse, fielen darunter. Ich hatte sehr große Angst vor Fehlentscheidungen.

Ich verlor damals jegliche Hoffnung jemals wieder ein normales Leben führen zu können. Daher beschritt ich zu Beginn verschiedene Wege. Manche Wege führten ins Nichts und manche Wege eröffneten sich mir als neue Möglichkeiten für meine weitere Entwicklung.

Ich trieb Sport.
Ich trank für eine gewisse Zeit viel Alkohol.
Ich absolvierte einen Computerkurs.
Ich machte ein Praktikum im Hotelgewerbe.
Ich schrieb ein Tagebuch.
Ich ging eine kurze Beziehung mit einem Mann ein.
Ich wechselte meinen Wohnort.
Ich machte eine Weiterbildung zum Sicherheitsdienst.
Ich arbeitete als Sicherheitsdienst in einem Museum.
Ich pflegte meine Cousine, die im Rollstuhl saß.
Ich las viele verschiedene Bücher über das Thema Seele.
Ich sah mir im Internet viele Videos über das Thema Seele und Kraft an.
Ich beschäftigte mich mit mir und meiner Seele.
Ich entwickelte Übungen, damit es mir besser ging.
Rückblickend kann ich sagen, dass der Ortswechsel mir in meiner Entwicklung sehr viel weiter geholfen hat, als ich es mir hätte damals vorstellen können.

Obwohl ich seinerzeit die Befürchtung hatte, ich würde vor der Situation entfliehen. Denn das wollte ich auf gar keinen Fall.

Als ich fort zog, wurde extrem viel gemunkelt. Die Gerüchteküche brodelte. Einige Leute aus meinem Dorf, in dem ich zuvor wohnte, dachten, ich sei wegen einem Mann in die andere Stadt gezogen. Das stimmte natürlich auch nicht. Richtig ist, dass ich in einen andere Stadt zog, um zu heilen. Was ich auch tat.

Die Zeit des Umzugs war sehr schwer für mich und ich musste oft eine Maske tragen. Die Traurigkeit war mir ins Gesicht geschrieben. Da mir viele Menschen beim Umzug halfen, wollte ich nicht undankbar erscheinen und mich meinen Gefühlen hingeben.

Da unmittelbar nach dem Umzug meine Wohnung noch nicht eingerichtet war, lebte ich sieben Wochen bei meiner Freundin und ihrer Familie. Auch wenn sich jeder sehr viel Mühe mit mir gab, war ich doch oft unzufrieden und unglücklich. Tagsüber trug ich immer wieder eine Maske, die jedoch am Abend so sehr drückte, dass ich sie ausziehen musste. Sobald ich endlich wieder einmal alleine war, weinte ich sehr viel. Ich fühlte mich wieder überaus einsam und ohne Halt.

Es gab dort kein Zimmer, in dem ich mich in diesen sieben Wochen hätte ungestört zurückziehen können. Das Allerschlimmste für mich war, dass ich monatelang meinen eigenen Computer nicht benutzen konnte. Das Internet stand mir zwar zur Verfügung, allerdings nicht so oft, wie ich es mir wünschte.

Auch war ich nie ungestört um frei schreiben zu können. Ich konnte mich mit den Mitbetroffenen aus dem AGUS-Forum nicht austauschen. Allerdings hielt ich meine Gedanken handschriftlich fest. Wie sehr ich mich doch an den Computer gewöhnt habe, ist schon bemerkenswert.

Da ich einige Monate zuvor meine Freundin Sabine kennengelernt habe, rief ich sie in dieser Zeit sehr oft an. Das tat mir sehr gut, denn ihre Stimme gab mir ein Gefühl der Vertrautheit. Das Verständnis meiner Situation gegenüber war ehrlich und Sabine vermittelte mir mit ihrer ruhigen Art immer wieder Mut.

Ebenso der telefonische Kontakt zu meiner Familie, besonders zu meinem ältesten Sohn, gab mir in dem Zeitraum sehr viel Kraft.

Überdies vermisste ich bereits seit längerer Zeit das Gefühl, ein Zuhause zu haben. Es gab in meiner Umgebung nichts Vertrautes - bis auf die Familie, bei der ich wohnte. Selbst ich war mir fremd. Sehr fremd sogar. Zeitweise zweifelte ich an der Richtigkeit meines Entschlusses, aus meinem vertrauten Dorf gezogen zu sein.

Anfänglich war es sehr schwer für mich alleine zu leben, denn als ich in mich hinein sah, sah ich die

Schuld, die ich mir auferlegte. Ich vermisste Enrico so sehr und fühlte mich überaus einsam.

Mir war sehr wichtig, dass ich wieder mit mir zurechtkomme. Ich wollte mein Leben wieder als lebenswert empfinden. Sobald ich mit mir alleine war, wollte ich schmerzfrei und ohne Maske leben können.

Ich fing an viel zu lesen und sah mir viele Videos im Internet an, die mit der Seele zu tun haben. Ich wollte wissen, wie andere Menschen denken und versuchte das Beste aus deren Gedanken für mich heraus zu holen. Diese Aktivität beanspruchte sehr viel Zeit und Mühe. Allerdings fand ich immer wieder Antworten auf meine Fragen.

Heute weiss ich, dass sich die Annette, die ich vorher war, mit der Zeit zu einer anderen Annette entwickelte. Zwar ist die Basis in mir noch existent, jedoch sehe ich heute viele Dinge abweichender als damals.

Die "damalige" Annette kann ich mit der "heutigen" Annette nicht gleich stellen. Meine Blickwinkel haben sich durch den Suizid von Enrico völlig verändert. Manche Dinge, die ich zuvor als wichtig empfand, sind heute in den Hintergrund getreten. Andere Situationen und Begebenheiten, die ich früher als unwichtig oder banal empfand, sind heute für mich teilweise bedeutender denn je.

Schrittweise änderte ich meine Einstellung gegenüber dem Leben, denn mein Leben verläuft jetzt anders als zuvor.
Außen wie auch innen.

Und dann war da noch der berühmte Weg vom Kopf bis zum Herzen, der ja bekanntlich der längste Weg sein kann, den es gibt. Mit dem Kopf verstand ich, dass sich meine Lebenssituation geändert hat, konnte es aber nicht mit dem Herzen begreifen, geschweige denn, umsetzen. Auch dafür brauchte ich viel Zeit.

Vor Enricos Suizid lebte ich 43 Jahre lang mein Leben, welches ich „ok“ fand. Meine Einstellungen und Reaktionen auf bestimmte Aktionen waren für mich auch „ok“.
Ich kannte mich und wusste, wie ich am Besten in manchen Situationen reagierte, um „alles in den Griff“ zu bekommen.

Nach Enricos Tod bekam ich „nichts in den Griff“. Ich war mir völlig fremd. Ich konnte dem Gefühl „mir fremd sein“ nur dadurch Abhilfe verschaffen, indem ich mich neu kennenlernte. Diese "Andere" galt und gilt es zu akzeptieren, denn ich lebte und lebe 24 Stunden am Tag mit mir.

Zeitweise war ich sehr ungeduldig und unzufrieden mit mir und meiner Entwicklung. Doch ich merkte, dass es wichtig war, mich und meine Situation zu akzeptieren. Akzeptanz war der Schlüssel, der mich wieder einmal eine neue Türe öffnen ließ.

Meine größte Aufgabe bestand für mich darin, mit mir ohne Maske zurechtzukommen. Mehr noch: mich zu lieben, wie ich bin. Das beinhaltete, dass ich gerne Zeit mit mir verbringe. Nicht lesend, telefonierend, am Computer sitzend oder gar bei Freunden sitzend; sondern nur mit mir alleine verbringend.

Ich erkannte, mein ganzes Lesen, Forschen und Lernen wäre nutzlos, sofern ich es nicht umsetzte.

Das war zu Beginn für mich recht schwierig.
Ich probierte einige Übungen aus, von denen ich zuvor gelesen hatte und fand dadurch für mich die richtige Methode, um mit mir alleine sein zu können. Ich konnte alleine sein, ohne eine Ablenkung durch Aufräumen, Fernsehen, Telefonieren oder durch Musik haben zu müssen.

Zwar stolperte ich hin und wieder auf dem Weg meiner Entwicklung, jedoch hielt es mich nicht ab, wieder aufzustehen und es erneut zu versuchen um weiter zu gehen.

Ich stellte für mich fest:

Niemand kann durch die Worte, die er zu mir spricht, mich zum Handeln zwingen. Es sei denn, dieser Mensch handelt für mich, indem er/sie meine Hand nimmt und sie führt. Falls ich das Führen nicht zulasse, kann er/sie dennoch nichts bewirken- ohne mein Zutun. Im Endeffekt handele nur ich für mich. Ich denke für mich.

Worauf ich hinaus möchte ist Folgendes: Du lebst und fühlst Dein Leben - nicht das Leben Deiner Familie, Deiner Freundin, Deines Freundes, Deines Nachbarn oder sonst jemandes.

Daher:

Lebe und handele, damit Du Dich gut fühlst.
Wenn Du Dich gut fühlst, indem Du spazieren gehst, dann tue es.
Wenn Du Dich gut fühlst, indem Du alleine zu Hause sitzt und Bilder betrachtest und Deine Tränen laufen lässt, dann tue es.
Wenn Du Dich gut fühlst, indem Du Deine Freunde besuchst, dann tue es. Horche ab und an in Dich hinein und Du wirst feststellen, ob und wie Deine Aktivitäten Dich glücklich machen.

Du alleine bist der Mensch, der in Deiner Haut lebt. Deine Seele befindet sich in Dir.
Wenn Dir irgendetwas nicht gut tut, obwohl „man" sagt, es sei gut für Dich, dann höre auf Deine innere Stimme und tue es einfach nicht. Denn dann geht es Dir besser.

Ich nenne Dir ein Beispiel von mir:
„Annette, hier ist ein Buch für Dich. Lies es, denn ich fand es gut."
Es war ein lieb gemeinter Rat.

ABER:

Ich wollte zu diesem Zeitpunkt kein Buch lesen, denn ich war nicht bereit dazu. Ich hatte Angst in einem Buch Aussagen lesen zu müssen, die mir an Enricos Tod Schuld gaben. Also las ich in der Zeit kein einziges Buch.

Ein anderes Beispiel:
Eine Geburtstagsfeier stand an. Ich sagte zu, denn ich dachte, ich sei stark genug dafür.
Auf der Feier angekommen, wollte ich am liebsten kurzerhand wieder nach Hause gehen, denn meine Erinnerungen an die wunderschönen Stunden mit Enrico waren plötzlich wieder da und ich wurde von meiner Trauer überwältigt.

Ich wurde darüber hinaus so traurig, dass ich auf die Toilette ging, um zu weinen. Dafür schämte ich mich sehr, denn ich wurde beim Weinen „erwischt". Ich fühlte mich noch schlechter als zuvor, denn ich wollte doch niemandem zur Last fallen.
Das Schlimmste für mich war, dass ich mich eine ganze Woche danach noch schlechter fühlte als vor der Feier.
Wem habe ich damit geholfen?
Niemandem, denn ich konnte damals mit der Situation nicht umgehen. Ich wollte nicht, dass andere Menschen sehen, es geht mir schlecht.
Wäre ich zu Hause geblieben, dann wäre alles anders gekommen.

Eine ganz lange Zeit konnte ich nicht ohne schlechtes Gewissen lachen. Meine Mitmenschen sahen mich zwar lachen, aber wie ich mich innerlich fühlte, wusste natürlich niemand. Ich trug eine Maske.

Ich dachte, ich würde nie wieder ehrlich lachen können. Die Schuldgefühle gegenüber Enrico waren so mächtig, dass mir das Lachen im Halse stecken blieb.

Wie kann ich als Mutter lachen, wenn mein Kind in einem Sarg unter der Erde liegt und nicht bei mir sein kann?

Ich nahm mir vor, nicht mehr zu lachen, was ich eine Zeit lang auch nicht tat. So zog ich mich wieder einmal vom Leben zurück. Mein schlechtes Gewissen breitete sich immer mehr in mir aus.

Falls ich in dieser schweren Situation meinem schlechten Gewissen noch mehr Platz eingeräumt hätte, wäre ich innerlich vereinsamt, denn ich zog mich mehr und mehr von meinen Mitmenschen zurück. Also musste ich auf mich hören und mich ab und an zwingen raus und unter Menschen zu gehen.

Raus gehen bedeutete in dem Falle, aus mir heraus zu gehen und mit anderen Menschen zusammenzukommen. Mich zwingen bedeutete abzuwägen, inwieweit ich bereit war, etwas zu tun, was für mich akzeptabel, allerdings mit Anstrengung verbunden war.
Ich musste in mein Inneres sehen und mir einen Ruck geben und mir etwas zutrauen.

Ich weiß: Es ist nicht einfach Dich neuen Situationen zu stellen, aber falls Du es nie tust, verpasst Du womöglich Deinen Erfolg, der Dich ein Stück weit glücklich machen könnte.
Höre auf Dein Herz. Du allein kannst entscheiden, was gut für Dich ist und was Du doch noch nicht schaffst.

Wenn es dazu kommt, dass andere Menschen für Dich entscheiden wollen und Dich vor eine Wahl stellen wollen, dann entscheide wiederum nur für Dich.

Menschen, die es wirklich gut mit Dir meinen und Dich lieben, stellen Dich niemals vor eine Wahl. Sie haben Verständnis für Dich und Deine Gefühle. Und genau auf diese Menschen solltest Du hin und wieder hören.

Sie drängen sich nicht auf, aber sagen Dir auf eine liebevolle Art und Weise, wie sie Dich empfinden. Sei ebenfalls bereit, einmal über die Worte nachzudenken, die sie an Dich richten. Auch das fühlst Du, wenn Du in Dich hinein hörst.

Natürlich kannst Du, wenn Du möchtest, auf den Rat anderer Menschen hören. Aber nur, wann Du es wirklich willst.
In der Anfangszeit ist es ratsam, auf die Person(en) zu hören, denen Du vertraust, und dann deren Rat befolgst. Ich meine damit die Zeit, in der Dich dicker Nebel umgibt.

Auch hier nenne ich Dir ein Beispiel von mir:
Eine liebe Freundin kam zu mir und sagte Folgendes: „Annette, lass uns ein wenig spazieren gehen. Du bist schon die ganze Woche nicht an die frische Luft gekommen. Nur ein paar Schritte. Wir gehen auch sofort wieder nach Hause, wenn Du es möchtest."
Das war für mich in Ordnung, denn ich nahm nicht wahr, dass ich mich vernachlässigt hatte.

Ist die Schockphase vorbei - wie lange sie auch immer anhalten mag - so höre auf Dich!

Du bist wichtig und Du lebst in Dir!
Du solltest mit Deinem Leben zurechtkommen!
Du solltest mit Deiner Seele zurechtkommen!
Du solltest mit Deiner Trauer zurechtkommen!
Niemand anderes als Du!

Falls Du Hilfe benötigst, dann solltest Du auch um Hilfe bitten.
Niemand kann Deine Gedanken lesen und daraufhin für Dich handeln. Allerdings sehen Menschen, die Dich kennen und denen Du etwas bedeutest, dass Du Hilfe gebrauchen könntest, denn Du veränderst Dich, ohne, dass Du es merkst.

Da wir zu Beginn nicht wissen, mit dem Suizid umzugehen, müssen wir es lernen.

Wir sind ins kalte Wasser geworfen worden und müssen auf einmal schwimmen können. Niemand hat uns vorgewarnt, oder uns darauf vorbereitet.

Es gibt auch keinen Kurs, den wir vorher belegen könnten. Wer würde diesen Kurs geben und wer würde ihn denn schon beanspruchen wollen?

Es wäre genau so ungewöhnlich, wenn wir einen Kurs besuchen würden, um Rollstuhl fahren zu lernen. Für den Fall, dass wir eines Tagen entweder durch Krankheit oder durch einen Unfall im Rollstuhl sitzen müssen.

Es liegt ganz bei uns, wie wir damit umgehen. Es liegt auch ganz bei uns, wie wir es verarbeiten.
Gespräche sind sehr wichtig, um innerlich weiter zu kommen.
Ein lieber Freund von mir sagte mir einmal Folgendes:

„Der Tod Deines Sohnes sollte Deine Schatzkiste sein. Halte diese Schatzkiste in Deinem Herzen und hüte sie so, wie sie es verdient hat. Du merkst von ganz alleine, wenn etwas hinein oder heraus muss. Dann öffne sie und verschließe sie auch wieder rechtzeitig."

Danke, mein Lieber, für diese tolle Aussage!

Meine Schatzkiste ist, in dem Fall, mein Leben mit und für meinen verstorbenen Sohn.
Alles, was ich mit ihm erlebt habe, gehört in das Schatzkästchen in meinem Herzen.
Niemand kann es verändern, ausgenommen, ich lasse es zu.

Das kann nur passieren, wenn ich es selbst überdenke und es dann auch für richtig erachte. Ist dies nicht der Fall, hat es keine Bedeutung und es findet auch keinen Platz in meinem Kästchen, beziehungsweise in meinem Herzen.
Wenn ich dann denke, irgendetwas muss hinein oder heraus, öffne ich es ganz für mich alleine. An dem Ort, den ich bestimme und wo ich mich sicher fühle.
Ich alleine entscheide, ob und wer dabei sein darf, denn es ist MEIN Schatz, MEIN Leben, MEIN Herz, MEINE Seele.

Das gleiche gilt natürlich auch für DICH, denn es geht um DICH!
Es ist DEIN Leben, was DU führen möchtest und das ganz alleine für DICH, denn DU bist der wichtigste Mensch in DEINEM Leben.

Unseren Mitmenschen etwas vormachen, darin sind wir mehr oder weniger gut, denn einige Menschen in unserer Umwelt stellen bestimmte Erwartungen an uns.
Möchten wir sie erfüllen?
Müssen wir sie erfüllen?
Wie stellen wir das an?

Uns selber können wir nichts vormachen, denn wir kennen unser Ich. Je ehrlicher Du Dich mit Dir beschäftigst, desto besser lernst Du Dich kennen. Du bestimmst, wie viel Du Dir wert bist.

Es ist nicht nur Theorie.

Die Praxis fängt dann an, wenn Du erst einmal richtig erlebt hast wie schön es ist, sich selbst zu lieben und gerne für sich da sein zu können. Wenn Du an diesem Punkt angekommen bist, ist es auch einfacher, sich weiter zu entwickeln. Selbst in dieser schweren Phase nach dem Suizid Deines lieben Menschen.

Kleine Tipps im Umgang mit unseren Mitmenschen

Als ich kurz nach dem Suizid von Enrico an einem Computerkurs teilnahm, war es mir wichtig, dass die mir fremden Teilnehmer nichts von meinem Schicksal erfuhren. Dadurch fühlte ich mich unbeobachteter, denn das Thema Suizid und deren Hinterbliebene war in meinen Augen ein großes Tabuthema.

Ich hatte nicht die Kraft, mich mit anderen Menschen diesbezüglich auseinander zu setzen. Also ging ich für mich den Weg des geringeren Widerstandes und erzählte niemandem etwas von meinem Schicksal.

Da ich noch nicht sonderlich stark war im Umgang mit meinen Mitmenschen, musste ich mir einen Plan ausarbeiten, wie ich reagieren würde, sobald mir von anderen Menschen unbewusst wehgetan werden würde. Ich wollte niemandem erklären, warum mir gerade in dem Moment die Tränen laufen.

Bei einer Unterhaltung mit fremden Personen, die nicht betroffen sind und auch nichts wussten von meinem Schicksal, bereitete ich mich folgendermaßen vor:

Ich hielt einen kleinen Gegenstand (zum Beispiel ein Feuerzeug) in meiner Hand. Sobald die Unterhaltung

in eine für mich schmerzliche Richtung führte, und ich fühlte, mir würden jeden Moment die Tränen in die Augen schießen, ließ ich diesen Gegenstand aus meiner Hand fallen. Sofort bückte ich mich, um den Gegenstand aufzuheben.
Dann sagte ich, noch während mein Kopf nach unten gerichtet war, ich müsse dringend auf die Toilette gehen.

Während ich ging, hielt ich meinen Kopf nach unten blickend und lief schnurstracks in Richtung der Toilette. Dort angekommen, konnte ich erst einmal meine Tränen laufen lassen. Niemand stellte mir Fragen, die ich nicht beantworten wollte.

Bei meinen damaligen Arbeitskollegen, die über meine Situation Bescheid wussten, habe ich deutlich gesagt, dass sie keine Angst zu haben brauchten, sobald mir die Tränen laufen. Es sei nicht ihre Schuld. Sie möchten mich doch einfach gewähren lassen, es ginge mir auch anschließend wieder besser. Das taten sie auch, denn sie waren froh, dass ich offen über mich und meine Tränen sprach.

So war ich nicht gezwungen mich zusammenreißen zu müssen und meine Kollegen brauchten kein verklemmtes oder gehemmtes Gefühl mir gegenüber zu haben. Klare Aussagen waren und sind in diesem Falle sehr wichtig.
Unsicherheit macht sich sonst beiderseitig breit.

Bei Menschen, die von meinem Schicksal wussten, aber nicht direkt betroffen waren, machte ich manchmal die Erfahrung, dass sie sich Sorgen um mich machten. Das sagten sie mir im Nachhinein. Es lag daran, dass sie nicht wussten, wie sie mit mir umgehen sollten. Sie und auch ich waren unsicher im Umgang miteinander. Es war eine völlig neue Situation für uns.

Es gibt Themen, die wir Betroffene oder Hinterbliebene freier und offener miteinander bereden können, da das gemeinsame Schicksal uns verbindet.

Wollen, Können oder Müssen

Da sich unser Leben schlagartig geändert hat, sollte sich unsere Einstellung auch ändern. Über einige Dinge sollten wir uns irgendwann einmal klar werden:

Wie geht es weiter?
Für wen lebe ich weiter?
Wie schaffe ich mein Leben zu leben?
Wo bekomme ich die Kraft her?
Wer ist mir wichtig?
Meint „man" es ernst mit mir?
Wie bekomme ich mein Leben vernünftig in den Griff?
Werde ich wieder „normal" leben können?
Werde ich überhaupt ernst genommen?

All diese Gedanken schwirrten in meinem Kopf. Vielleicht hast Du auch solche oder ähnliche Gedanken in Dir.

Wie das Leben weitergeht, liegt an uns, die wir mit dem Suizid unseres lieben Menschen leben müssen.

Im Großen und Ganzen ist es wichtig, dass Du weiter leben WILLST!
Dass Du es tust, zeigt mir, dass Du dieses Buch in den Händen hältst und es liest.
Wie Du weiter leben möchtest, bestimmst Du allein.
Aber lass Dir bitte eines von mir sagen:

Du wirst eines Tages wieder normal leben können, wenn Du es nur willst!

Das Wollen steht über dem Können!

Vom Wollen hängt der Verlauf Deines weiteren Lebens ab.
Es ist ein Lernprozess um sagen zu können, dass Du „normal“ weiterleben willst. Es hängt in allerersten Linie von Dir selbst ab.

An dieser Stelle kann ich von mir berichten, denn ich habe mich sehr intensiv mit dem Weiterleben auseinander gesetzt.

Wissenschaftliche Erkenntnisse und Zahlen von Statistiken brachten mich nicht weiter, denn ich musste selbst herausfinden, wie ich zu diesem Punkt gelangen kann. Selbst dass es diesen Punkt, dass und wie ich weiterleben möchte, überhaupt in meinem Leben geben sollte, musste ich vorab für mich herausfinden.

Einfacher beschrieben: Zielsetzung und den Weg finden, wie ich mein Ziel erreichen könnte.

Was mir dabei sehr geholfen hat, ist Folgendes:

Unterhaltungen mit anderen Betroffenen oder auch Personen meines Vertrauens.
Es sind nicht nur die reinen Unterhaltungen, die ich führte. Unmittelbar nach den Gesprächen dachte ich sehr innig darüber nach, was mir gesagt wurde.

Ich hörte nicht nur hin, sondern ich hörte auch zu!
Es bringt mich nicht weiter, wenn ich mich unterhalte und dauernd „ja, aber ...“ sage.

Als ich mir sagte, dass ich „normal“ weiter leben WILL, wusste ich, dass ich etwas dafür tun MUSS. Was ich genau tun musste, war mir nicht sehr klar, aber ich wollte es angehen.
Ich ganz alleine. Niemand kann meine „Arbeit“ tun.
Ich setzte ganz andere Prioritäten in meinem Leben.

Natürlich kann ich mir Hilfe holen - aber auch das kann nur Ich. Und nur ich bestimme für mich, von wem ich mir helfen lasse.
Wenn ich weiß, dass mein Leben in eine bestimmte Richtung weiter gehen soll, bin ich schon einen großen Schritt vorangekommen. Und das war und ist mein Ziel.
Wie? Das wusste ich noch nicht, aber dass ich es wollte, wusste ich genau.

Der Weg ist lang und beschwerlich - dachte ich - und wollte ab und zu aufgeben. Also einfach NICHTS TUN und abwarten.
Es ist gelogen, wenn ich jetzt sage, dass alles ganz leicht gewesen wäre. Ich fiel oft in ein Loch. Siehe „Einbrüche und Abstürze“.

Allerdings fing ich an, eine Strategie aufzubauen.
Ich schaute in mich hinein und wusste, dass es mir gut tat, etwas zu lernen.

Mein Kopf sollte arbeiten - sich nicht nur mit den Schmerzen befassen, sondern sich auch von den Schmerzen erholen.
Siehe „Pausen sind wichtig“.

Auch entschloss ich mich, in meiner neuen Umgebung nur Menschen meiner Wahl von meinem Schicksal zu erzählen. So fühlte ich mich nicht so sehr beobachtet. Ich konnte mein Tempo der Heilung selbst bestimmen.
Natürlich nur so lange, bis ich beschloss dieses Buch zu veröffentlichen. Auch diesen Zeitpunkt setzte ich für mich fest. Bis dahin war es mein kleines Geheimnis.

Möchtest Du auch wieder zur Normalität zurückkehren?

Dies ist eine Frage, die Du Dir nur selbst beantworten kannst.
Du musst es aber auch WOLLEN.
Deine Normalität ist natürlich nicht mehr zu vergleichen mit Deiner Normalität vor dem Suizid Deines geliebten Menschen.
Du wirst Schritt für Schritt daran arbeiten MÜSSEN um Dir den Platz in der Normalität zurück zu erobern.

Natürlich kann es hin und wieder passieren, dass Du denkst, Du seiest wieder einige Schritte zurückgefallen, weil Du wieder in die Traurigkeit fällst.

Das ist jedoch völlig normal. Du darfst traurig sein und Du darfst auch weinen. Aber achte bitte darauf, dass Du nicht in tiefe Löcher fällst, aus denen Du Dich nicht wieder alleine befreien kannst.

Als ich wieder einmal in ein tiefes Loch fiel und mit Sabine darüber sprach, und ihr mein Leid klagte, sagte sie Folgendes zu mir: „Erinnere Dich an das letzte Mal. Was hat Dir da geholfen? Und sage Dir immer wieder: das geht vorbei, wie das letzte Mal auch. Diese Erkenntnis lässt Dich am Ende des Tunnels ein Licht erkennen. Halte Dich daran fest, wenn Du kannst.“

Liebe Sabine: Danke für diese wunderbare Aussage!

Schuld

Als ich von Enricos Tod erfuhr, gab ich mir sofort die Schuld an seinem Suizid.
Ich beschrieb bereits in dem Kapitel „Dieser Tag hat mein Leben komplett verändert“ und in dem Kapitel „Wahrnehmungen“ wie schlimm ich mich fühlte. Nicht nur ich machte mir Vorwürfe und gab mir die Schuld an Enricos Tod, die Gesellschaft machte mir obendrein auch noch ein schlechtes Gewissen.

Vor dem Suizid von Enrico war ich ein selbstbewusster Mensch. Ich wusste, wer ich war und was ich konnte. Just in dem Moment, als Enrico ging, verschwand meine Selbstsicherheit. Ich belastete mich mit Schuld und wurde so unsicher in allem, was ich tat, dass ich mich kaum wieder erkannte. Ich konnte keine eigenen Entscheidungen treffen.

Alles, was ich anstrebte zu tun, hinterfragte ich bei meiner Familie oder bei meinen Freunden.
Meine Gedanken waren damals:

Ich darf jetzt keinen zusätzlichen Fehler machen, sonst passiert wieder etwas Schlimmes. Das könnte ich nicht verkraften. Ich habe Angst. Ich bin Schuld an seinem Tod. Hätte ich doch damals anders reagiert.

Immer und immer wieder kamen Selbstvorwürfe in mir hoch. Ich wünschte, ich hätte in der

Vergangenheit bei vielen Situationen anders reagiert. Dann wäre Enrico nicht gegangen.
Die allerschlimmste Situation, die ich im Kopf hatte, und mich nicht mehr schlafen ließ war, dass ich im Streit mit Enrico auseinanderging. Mein letzter Blick fiel auf seinen Rücken und die abweisende Bewegung seiner Hand, als ich ihm zurief: „Ich hab Dich trotzdem lieb!“. Da ich von der zweiten Etage unseres Hauses auf die Straße hinunter blickte, versperrten mir die Blätter des Baumes vor unserem Haus die komplette Sicht.

An diesem Samstagmorgen sah ich ihn das letzte Mal. Jedoch wiederholte sich diese Szene immer und immer wieder in meinem Kopf.

Hätte ich doch anders reagiert – Mensch, Annette, Du bist Schuld an all dem was passiert ist!

Mein Selbstbewusstsein sank tief in den Keller. Ich wurde mir fremd, denn zeitweise verzweifelte ich an meinen eigenen Reaktionen. Ich fühlte mich, als sei ich die schlechteste Mutter der ganzen Welt, weil mein Kind von mir gegangen war. Und das auch noch im Streit.

War es denn notwendig, sich das Leben zu nehmen? Einfach so? Enricoooo!!! Warum lässt Du mich jetzt alleine??? Komm wieder zurück!

Lass uns über alles reden! Enricooooooo …

Selbst die Beteuerungen meiner besten Freundin Regina, ich sei nicht Schuld, halfen mir nicht weiter. Mit dem Kopf verstand ich, dass ich nicht Schuld war, allerdings mein Herz widersprach mir andauernd.

In dieser Zeit hatte ich noch keinen Kontakt zu anderen Suizidhinterbliebenen. Ich fühlte mich allein, einsam, verlassen, hoffnungslos und schuldbeladen.

Als ich mich nach fast drei Wochen im AGUS Forum anmeldete und mit den anderen Betroffenen schrieb, stellte ich fest, dass es den Anderen genau so erging, wie mir auch. Zwar waren ihre Schicksale nicht genau dieselben, doch der Eine oder Andere ging auch im Streit mit dem Verstorbenen auseinander. Die Aussagen der anderen Hinterbliebenen beruhigten mich ein wenig, jedoch nur für eine kurze Zeit.

Da ich mich obendrein in dieser besagten Zeit vollends von Gott abwandte, konnte ich nicht einmal Trost bei Ihm finden. Ich war wütend auf Ihn, denn Er nahm mir in meinen Augen mein Kind. Nicht nur, dass Er mir mein Kind nahm, ich dachte sogar, Enrico sei in der Hölle. Denn nach dem urchristlichen Glauben ist Suizid mit Mord zu vergleichen. Und Mord ist eine Todsünde, die mit der Hölle bestraft wird.

Mein Flippy in der Hölle und ich bin Schuld!

Dieser Gedanke war für mich nicht zu ertragen und somit entfernte ich mich vom Glauben und von Gott.

Niemand konnte mir wirklich helfen, denn ich erlegte mir diese Schuld selber auf.

Um meiner Familie und meinen innigen Freunden keine weiteren Sorgen um mich zu bereiten, setzte ich zeitweise eine Maske auf. Ich tat so, als habe ich das Thema Schuld abgearbeitet und ich würde mich nicht mehr schuldig fühlen.
Mit der Zeit redete ich mir sogar ein, ich trüge keine Schuld mehr an Enricos Tod, denn er habe diesen Weg für sich gewählt.

Dennoch, die Schuldfrage trug ich stets unbewusst mit mir herum. Obwohl ich mir immer wieder einredete, ich sei an seinem Tode nicht Schuld, zeigten meine Handlungen jedoch das Gegenteil.

Ich war immer noch ängstlich und kraftlos und fühlte mich unsicher den Menschen gegenüber.

Dann bist Du halt so, wie Du bist, weil Enrico gegangen ist. Ich habe mich jetzt sohin verändert und muss nun einmal damit leben.

Auf diese Weise wollte ich mit der Situation abschließen, obwohl ich mich mit diesem Gedanken nicht sonderlich wohl fühlte.

Dies war eine Form der Resignation, was ich allerdings in der Zeit nicht als solche angesehen habe.
Es besteht selbstverständlich ein großer Unterschied zwischen „sich etwas einreden“ und „wirklich davon überzeugt sein“. Der Unterschied zeigt sich in den alltäglichen Verhaltensweisen und Taten eines jeden.

Besonders meiner Freundin Regina war mein seltsames Verhalten aufgefallen. Sie merkte, dass ich absolut unsicher war und alles, was ich tat, vorab erklären wollte. Sie wäre nicht meine Freundin Regina, wenn sie mich nicht darauf angesprochen hätte. Es war das zweite Weihnachten, nach Enricos Tod.
„Annette, was ist denn los mit Dir? Du kannst mir nichts vormachen. Tue bitte nicht so, als sei alles in Ordnung. Gerade hier bei mir brauchst Du doch nicht unsicher sein. Bitte, lass uns darüber reden.“

Und schon schossen mir die Tränen in die Augen. Nach einer langen Anlaufzeit gestand ich ihr, dass ich immer noch Schuldgefühle in mir trug und dass ich mir sicher war, damit leben müssen.

Regina sah es allerdings anders und forderte mich auf, etwas dagegen zu unternehmen. Ich solle auf gar keinen Fall resignieren, sondern das Problem „Schuld“ am Schopfe packen.
Darauf folgten wertvolle Unterhaltungen.
Danke, Regina!

So kam nach anderthalb Jahren das Thema „Schuld“ wieder zur Sprache, was ich bis dahin versuchte zu verdrängen.

Ich fing erneut an zu lesen und forschte im Internet nach, was ich tun könnte um meine Schuldgefühle los zu werden. Auch zog ich wieder in Erwägung, mir einen Therapeuten zu suchen. Ich wollte etwas gegen dieses Schuldgefühl unternehmen, denn ich wurde sogar körperlich krank. Starke Rückenschmerzen ließen mir nachts keine Erholung zukommen.

Eines Tages telefonierte ich wieder einmal mit meiner Freundin Sabine und ich klagte ihr unter Tränen mein Leid. Sie erzählte mir von einer Passage aus dem Buch „Einen geliebten Menschen verlieren“ von Doris Wolff und schlug mir Folgendes vor:
„Nimm Dir ein Blatt Papier und unterteile es mittig, sodass Du eine linke und eine rechte Seite hast. Schreibe auf die eine Seite alle Dinge auf, die Du in Deinen Augen falsch gemacht hast und auf die andere Seite, alles was Du im Leben von Enrico Gutes für ihn getan hast. Lasse dieses Blatt an einem Ort liegen, damit Du immer wieder etwas schreiben kannst, sobald Dir etwas einfällt.“

Dies tat ich dann auch. Oh, in dieser Zeit sind viele Tränen gelaufen, als ich das Blatt beschrieb. Circa eine Woche schrieb ich jeden Tag etwas auf dieses Blatt und war erstaunt, wie viel zum Schluss auf der Positivseite stand.
Liebe Sabine, hab Dank für diesen Tipp.

Im Internet fand ich dann einen Bericht über „sich selbst verzeihen“. Nun dachte ich für mich, dass ich all diese Dinge, die negativ gelaufen sind, mir selbst verzeihen sollte.
Da ich hart mit mir ins Gericht ging, dauerte es eine gewisse Zeit, bis ich mir all meine Fehler vergeben konnte. Anschließend entschuldigte ich mich bei Enrico für all die Dinge, die ich ihm angetan hatte.

Wieder liefen viele Tränen, denn ich erlitt große seelische Schmerzen.
Sabines Rat zu befolgen und diese Übung auszuführen brachte mich einen riesengroßen Schritt weiter in meiner Entwicklung.

Sobald das schlechte Gewissen erneut an der Seelentüre klopfte, erinnerte ich mich an Folgendes Versprechen: *„Ich habe mir vergeben und ich bat Enrico um Vergebung. Diese Vergebung ist gültig für alle Zeit.“* Somit befreite ich mich Schritt für Schritt von der mir selbst auferlegten Schuld.

Die Zeit

Dieses Sprichwort: „Die Zeit heilt alle Wunden …“
In diesem Falle: Falsch!

Heilen bedeutet, dass wir in den Urzustand zurückkehren. Das ist allerdings in unserer Thematik nicht der Fall. Das Ereignis, was sich zugetragen hat, ist so schwerwiegend, dass wir es niemals vergessen können - es sei denn, wir leiden an Amnesie. Obwohl ich für immer eine verwaiste Mutter sein werde, hat mir die Zeit doch sehr geholfen, mich weiter zu entwickeln.

Die Zeit verändert uns, unsere Empfindungen und unsere Wahrnehmungen - sonst nichts! Die Zeit hilft uns, mit dem Suizid unseres lieben Menschen zurechtzukommen.

Ich sprach mit vielen Betroffenen darüber und las auch viel über dieses Thema, so kam ich unter anderem auf folgende Gedanken:

Zeit kann Dein Freund sein, oder Dein Gegenspieler. Zeit läuft unaufhaltsam. Eine Stunde, völlig entspannt, in der Badewanne, vergeht viel schneller als eine Stunde im Regen auf der Autobahn stehend, auf den Abschleppdienst wartend.

Wenn es uns gut geht und wir uns wohl fühlen, dann empfinden wir diese eine Stunde, als sei sie sehr kurz. Sie vergeht oftmals viel zu schnell. So empfinden wir auch die Tage und Monate unterschiedlich lang. Blicken wir auf das vergangene Jahr zurück, denken wir, es sei im Fluge vergangen. Sehen wir auf das kommende Jahr, dann haben wir noch einen Riesenberg Zeit vor uns.

Es sind jedoch immer 365 Tage, auf die wir blicken. Allerdings vor und zurück ist ein sehr großer Unterschied.
Es dauert seine Zeit, bis ich wieder „normal“ leben kann oder will.

Wir, als Suizid-Hinterbliebene sind von niemandem geschult, sondern einfach vor die vollendete Tatsache gestellt worden. Niemand von uns wusste, wie wir damit umzugehen haben. Keine Vorbereitung, keine Anleitung. Wir müssen damit fertig werden. Dafür brauchen wir Zeit. Wir brauchen Zeit, um zu realisieren, was passiert ist. Wir brauchen Zeit, um angemessen reagieren zu können.

Wir brauchen Zeit, um unsere Leben neu zu ordnen.
Wir brauchen Zeit, um uns neu kennen zu lernen.
Wir brauchen Zeit, um zu heilen, denn wir sind verletzt.
Diese Zeit sollten wir uns nehmen.

Ein Mensch, der uns nahe stand, ist endgültig aus unserem Leben für immer verschwunden.

Er ist freiwillig gegangen und hat uns zurück gelassen. Wir durchlaufen in unserer Trauer mehrere Phasen, die auch wieder Zeit benötigen. Jeder

Trauernde ist anders in seiner Art und gibt sich selbst die Zeit, die er benötigt. Ganz individuell.

Wichtig ist, dass wir uns die Zeit zum Trauern nehmen. Ansonsten kann es sein, dass wir in ein tiefes Loch fallen und womöglich Depressionen bekommen. Wenn wir nicht aufpassen, dann verwechseln wir die Trauerzeit mit Depressionen. Es ist schleichend. Ich kenne mich sehr gut in dieser Hinsicht aus.

Ich möchte Dir jetzt die Wichtigkeit der Zeit mit folgendem Beispiel nahe legen.
In diesem Beispiel, das ich hier aufzeige, ist „das Bild“ gleichzusetzen mit Deinem Leben, bzw. Deiner Entwicklung.

Ich möchte ein Bild malen.
Um ein Bild fertigstellen zu können, benötige ich eine Leinwand, Farben, Pinsel und Zeit. Natürlich muss ich im Vorfeld bereits wissen, was ich darstellen möchte.
Nehmen wir ein Haus.

Fehlt mir eins der Utensilien, kann ich immer noch auf eine Alternative zurückgreifen. Ich meine damit: Fehlt mir ein Pinsel, nehme ich meine Finger. Fehlt mir die Leinwand, nehme ich eine andere Unterlage. Fehlt mir allerdings die Zeit, kann ich noch nicht einmal anfangen zu malen - auch wenn alle Utensilien mehrfach vorhanden sein sollten.

Gehen wir jetzt einmal davon aus, ich habe alle Utensilien beisammen und genügend Zeit. Nun kann ich anfangen, mein Bild des Hauses zu malen. Ich beginne immer mit dem ersten Pinselstrich.

Meinen ersten Pinselstrich kann ich erst dann auf die Leinwand bringen, wenn ich Farbe benutze. Nach dem ersten Pinselstrich folgt der nächste, bis mein Bild vollendet ist. Es sei denn, ich möchte, dass der leere Hintergrund mit nur diesem einen ersten Pinselstrich das fertige Bild darstellen soll. Sofern dies der Fall ist, ist es für den Moment natürlich auch in Ordnung.

Dann darf ich aber vom neutralen Betrachter des Bildes nicht erwarten, dass er das Haus auf diesem Bild, ohne meinen Kommentar, erkennt.
Dieser eine erste Pinselstrich kann ebenso der Anfang des Bildes sein - es kommt immer darauf an, was ich erreichen möchte und wie viel Zeit ich mir dafür gebe.

Möchte ich erreichen, dass mein Haus nach der Fertigstellung des Bildes erkannt wird, dann benötige ich mehrere Pinselstriche, verschiedene Farben und Zeit. Die Zeit, die ich für die Vollendung des Bildes benötige, ist sehr wertvoll, denn ich nutze sie, um das Bild zu vollenden. Ich möchte, dass das Haus auf meiner Leinwand erkannt wird.

Je mehr Zeit ich nutzvoll investiere desto deutlicher wird das Ergebnis ausfallen.

Mit der Zeit kann aus einem Haus eine ganze Landschaft entstehen.

Die Zeit ist das wichtigste und wertvollste Utensil, das wir benötigen, um uns zu entwickeln. Bitte nutze sie, wie auch immer Du sie nutzen möchtest.

Gib Dir und Deiner Trauer Zeit. Sei geduldig und glaube daran, dass es Dir mit der Zeit besser gehen wird, auch wenn Du es jetzt noch nicht sehen, fühlen oder verstehen kannst.

Wir benötigen Zeit, um uns von einem Zustand zum anderen Zustand zu entwickeln.

Wir können nichts in unserem Leben erzwingen, denn ein Grashalm wächst auch nicht schneller, wenn wir daran ziehen.

Die Gesellschaft

Wikipedia beschreibt Gesellschaft unter anderem folgendermaßen:

„Als Gesellschaft bezeichnet man in der Soziologie allgemein eine durch unterschiedliche Merkmale zusammengefasste und abgegrenzte Anzahl von Personen, die als soziale Akteure miteinander verknüpft leben und direkt oder indirekt interagieren;(...)“

Die Gesellschaft spielt in unserem Leben eine große Rolle. Besonders bei uns Trauernden. Ob wir es wollen, oder nicht, denn von Kindesbeinen an sind wir in und mit unserer Gesellschaft aufgewachsen. Sie hat uns so sehr geprägt, dass sie allgegenwärtig ist.

Das Wort „man“ verkörpert in dem Falle „die Gesellschaft“.

Z.B.: „Man macht das nicht“ - heißt in Wahrheit: „Die Gesellschaft erwartet von mir...“
Die Gesellschaft weiß immer alles besser als der einzelne Mensch und fühlt sich sehr stark und mächtig, denn sie kann sich hinter der Anonymität verstecken.

Was denkt die Gesellschaft über Trauernde?

Trauernde tragen nur schwarze Kleidung.
Trauernde ziehen sich zurück.
Trauernde sind depressiv.
Trauernde weinen unaufhaltsam.
Trauernde haben keinen Grund zu lachen.
Trauernde haben ihre Gedanken immer woanders.
Trauernden kann „man“ nichts zutrauen.
Trauernde leben überwiegend in der Vergangenheit.
Trauernden kann „man“ keine Aufgaben geben, denn sie erledigen sie nicht korrekt.

Auf Trauernde muss „man“ Rücksicht nehmen.
Trauernde fangen bei jeder Situation sofort zu weinen oder zu jammern an.
Trauer dauert ewig.
Trauernde reden nur über den Verstorbenen und haben kein anderes Thema.

Wir Suizid-Hinterbliebene werden von noch mehr Vorurteilen verfolgt. Zu all diesen Punkten, kommen folgende Punkte hinzu:

„Was hat der arme, tote Mensch alles erdulden müssen?“
„Warum hat er/sie sich wohl das Leben genommen?“
„Da hat was in der Familie/ in der Ehe nicht gestimmt“.
„Was musste der arme, tote Mensch bei der Familie/diesem Partner wohl ertragen?“

Mir sind unter anderem folgende Sätze zu Ohren gekommen:

„Bei der Mutter musste es ja so kommen …“
„Der arme Junge hatte ja auch keinen Vater.“
„Die Frau war ja auch immer arbeiten.“

Und viele andere Aussagen …

All diese Vorurteile und Aussagen schmerzten innerlich sehr. Damit umzugehen war für mich sehr schwer. Tratsch und Klatsch macht sich breit, denn Suizid ist ein Tabuthema und skandalös in unserer Gesellschaft. Plötzlich wusste jeder Mensch in meiner Umgebung alles besser und jeder hat einen Teil beobachtet, der einen Grund lieferte, dass sich Enrico das Leben nahm.

Im Grunde genommen interessiert sich niemand für uns Hinterbliebene.
Wie sehr uns die Menschen mit ihrem Verhalten und ihrem Gerede wehtuen, will niemand wissen.

Zeitweise fühlte ich mich, als habe ich eine ansteckende Krankheit. Denn, sobald ich auf der Straße gesehen wurde, wechselten einige Leute sehr zügig die Straßenseite, oder taten, als sähen sie mich nicht.

Mir ist sehr wohl bewusst, dass nicht jeder Mensch mit dieser Situation umgehen kann.
Hat mich denn jemand gefragt, ob ich damit umgehen kann? Von mir wird es allerdings erwartet.

Die „Gesellschaft“ hätte vollstes Verständnis für mich, wenn ich seit dem Tod meines Sohnes alkoholabhängig oder obdachlos leben würde. Denn das kann ein jeder verstehen. „So einen Schicksalsschlag kann man ja nicht so einfach verkraften."

Aber was habe ICH davon? - Mitleid der Gesellschaft.
Wohin führt sie MICH? - Ins Nichts!
Wir können die Gesellschaft nicht von Heute auf Morgen ändern, wir können sie jedoch aufklären. Stück um Stück.
Wir können auch nicht davon ausgehen, dass unsere Mitmenschen so denken, wie wir es gerne hätten. Also liegt der erste Schritt bei uns Trauernden.

Tröstend und unterstützend möchte ich Dir gerne Folgendes sagen:
Verhalte Dich so, damit Du Dich gut fühlst. Nicht so, damit Du in das Bild der „trauernden Person" passt oder so, wie die Gesellschaft Dich sehen möchte.

Wenn Dir nach bunter Kleidung ist, dann trage sie.
Wenn Dir nach schwarzer Kleidung ist, dann trage sie.
Wenn Dir nach lachen ist, dann lache.
Wenn Dir nach weinen ist, dann weine.
Mute Dir nur soviel zu, wie Du es selbst verkraften kannst. Wenn Du stark genug bist und auch bereit dazu bist, Dich der Öffentlichkeit zu zeigen, dann tue es.
Du hast keinen Grund Dich zu verstecken.

Du bist ein Teil der Gesellschaft.

Das Gedicht „1000 Fragen ...?“

Als ich Sabines Gedicht las, merkte ich in mir, dass mich fast dieselben Gedanken immer wieder beschäftigten.

1000 Fragen ...?

Wann hast du das erste Mal den Wunsch verspürt?
Wie wurdest Du vom Tod verführt?
Hat dich WER so schwer verletzt?
Oder hat dich WAS zu sehr entsetzt?

Woran hast du zum Schluss gedacht?
Was fühltest du in jener Nacht?
Dachtest du an deine Lieben?
Wurdest besessen du vorangetrieben?

Hast du schon lange nachgesonnen?
Wann ist die Freud' am Leben dir entronnen?
Wann liefen deine Bahnen schief?
Weshalb kein Abschied – auch kein Brief?

War dir noch klar, dass wir dich lieben?
Wie viel von dem Wissen darum war dir geblieben?
Dachtest du an unsere Schmerzen?
Waren wir bei dir in deinem Herzen?

Weshalb kein Wort, kein Hilfeschrei?
Dachtest du: „Das geht vorbei!“?
Was führte dich in Richtung Gleise?
Wieso auf diese Art und Weise?

Was hat dich nur soweit gebracht?
Wie wurdest du zu Dem gemacht?
Wolltest du uns noch etwas sagen?
War dir bewusst, wie sehr wir uns plagen?

Hast du schon lang' daran gedacht?
Oder reifte dein Plan erst in dieser Nacht?
Was dachtest du, erwartet dich?
Was zog dich fort, was hielt dich nicht?

Konntest in Liebe du an uns denken?
Konntest du selbst dich nicht mehr lenken?
Sahst du uns schon an deinem Grabe stehen?
Wolltest du Einen von uns gern noch mal sehen?
...

Sabine Mann für ihren Stiefsohn
17.10.05

Diese Fragen quälten mich und ich merkte eines Tages, dass ich all diese Fragen niemals beantwortet bekomme. Denn derjenige, der mir diese Fragen hätte beantworten können, lebte nicht mehr hier auf Erden. Trotz alledem spukten sie in meinem Kopf herum.

Mir wurde bewusst, dass diese Fragen immer offen bleiben würden und dass ich diese Fragen als offene Fragen akzeptieren musste.

Loslassen

Der Weg vom Kopf bis zum Herzen ist der längste und auch gleichzeitig, wenn wir ihn einmal beschritten haben, der kürzeste Weg.

Einige Betrachtungsweisen anderer Menschen verstehen wir mit dem Verstand, aber es heißt noch lange nicht, dass wir es mit unserem Herzen verstehen. Sich mit der Trauer zu beschäftigen, ist ein sehr anstrengendes Thema. Das wissen wir.

Für folgende Aussage, benötigte ich eine lange Zeit, um sie zu verstehen. Anfänglich wehrte ich mich gegen die Richtigkeit, denn ich wollte es nicht wahr haben. Ich verstand mit meinem Herzen den Sinn dieser Äußerung nicht. Es vergingen einige Monate, bevor ich die Bedeutung dieser Aussage für mich als richtig einstufte.

„Alle Gefühle, die ich jetzt habe, darf ich auch haben.
Wenn ich traurig bin, darf ich auch traurig sein.
Wenn ich fröhlich bin, darf ich auch fröhlich sein.
Ich nehme mich so an, wie ich bin.

Loslassen kann ich nur etwas, wenn ich es anerkenne, würdige und akzeptiere, dass es da ist und dass es so ist, wie es ist. Erst dann kann ich mit der Situation abschließen.

Solange ich darüber nachdenke und grüble und es nicht akzeptiere, beschäftige ich mich weiterhin damit und erfahre keine innere Ruhe."

Nun lasse diese Sätze einfach auf Dich wirken.
Das Thema „Loslassen" ist ein sehr komplexes und bedeutsames Thema. Daher ist wichtig, dass Du Dich mit dieser Thematik beschäftigst.

Allem voran sollten wir das Wort „loslassen" definieren und die Bedeutung darlegen.
Viele Trauernde verwechseln „loslassen" mit „vergessen" oder „verlieren".

„Ich will meinen lieben Menschen, den ich verloren habe, nicht vergessen."

Das sollst Du auch nicht und wirst Du auch nicht. Es geht darum, dass der Schmerz, den Du erfährst, sobald Du an den Menschen denkst, der gegangen ist, gelindert wird. Der Schmerz schränkt Deine Erinnerung an den Menschen ein. Eines Tages kannst Du an den Menschen denken und Deine Erinnerung wird größer und bunter werden.
Der Schmerz schränkt Dich in Deinem alltäglichen Handeln ein.

Loslassen ist ein Lernprozess. Jeder von uns gibt sich die Zeit, die er benötigt, um zu erfahren, dass es wichtig ist, eines Tages loszulassen, ohne Verlustängste zu erfahren.

Meine ältere Schwester hat mir zu Beginn meiner Trauer liebevoll versucht, dies klar zu machen, aber ich konnte oder wollte es einfach nicht verstehen. Jetzt, da ich den Sinn des Loslassens für mich verstanden habe, ist diese Erfahrung sehr wertvoll für mich geworden.

In dem Moment, in dem ich loslasse, akzeptiere ich die Entscheidung, dass der Mensch gegangen ist. Ich akzeptiere, dass er diesen Weg gewählt hat, den er wählte. Somit lasse ich den Schmerz auch los.

Sobald ich losgelassen habe, quält mich die Frage nach dem Warum nicht mehr, denn ich akzeptiere den Schritt meines lieben Menschen, der gegangen ist. Das Warum wird uns nie beantwortet werden.
Akzeptieren heißt nicht, dass wir es für gut heißen müssen, denn wir würden einen anderen Weg finden.

Wir sollten daran denken, dass der Mensch, der von uns gegangen ist, keine andere Möglichkeit zum Weiterleben für sich fand. Vielleicht hat er lange vorher versucht, eine andere Lösung zu finden. Hoffnungslosigkeit machte sich bei ihm breit. Suizid war sein letzter Ausweg. Genau das gilt es, zu akzeptieren.

Es bedarf einer gewissen Zeit, bis wir den Sinn des Loslassens wahrhaft und realistisch verstehen. Und wenn wir es verstanden haben, bedarf es wiederum einer gewissen Zeit, bis wir diesen Gedanken in uns festigen können.

Sei Dir bewusst darüber, dass Du die Zeit des Verstehens für Dich findest, ohne dass Du daran verzweifelst. Du kannst das Verständnis der Bedeutung nicht erzwingen.

Wichtig ist auch die Tatsache zu verstehen, dass wir immer wieder einmal traurig sein dürfen, weil wir von unseren lieben Menschen verlassen worden sind. Natürlich dürfen wir auch weinen. Natürlich dürfen wir auch wütend sein.

Es gibt Momente, in denen ich Enrico sehr kräftig vermisse. Ja, ich bin sogar manchmal regelrecht wütend auf ihn, dass er gegangen ist, denn ich hätte einen anderen Weg gewählt und gefunden.
Ich vermisse die gemeinsame Zeit mit ihm. Ich bin traurig, dass ich von ihm keine neuen Aussagen und Gedankengänge erhalte. Er bereicherte mein Leben. Allerdings akzeptiere ich mittlerweile, dass er den Weg gegangen ist, den er einschlug. Es war seine Entscheidung.

Dass wir losgelassen haben zeigt sich in vielen kleinen und großen Dingen in unserem Alltag:

Wir können unbeschwert lachen.
Wir reden über den verstorbenen Menschen, ohne, dass wir anfangen zu weinen.
Wir leben unser Leben ohne schlechtes Gewissen dem verstorbenen Menschen gegenüber.
Wir vergleichen keinen Menschen mit dem Verstorbenen.

Wir schämen uns nicht, wenn wir sagen, dass es uns gut geht.
Eventuell beschreiten wir neue Lebenswege.
Unangebrachte Aussagen andere Menschen belasten uns nicht mehr.

Den Zeitpunkt, sich mit dem Loslassen zu beschäftigen, bestimmst Du für Dich.
Niemand anders führt Dein Leben. NUR DU!

Was Du aus Deinem Leben machst ist einzig und alleine Deine Sache, denn es ist, wie bereits mehrfach erwähnt, DEIN Leben.
Niemand, ausgenommen Du, führt Dein Leben, niemand kann durch Deine Augen sehen und nur Du alleine weißt, was oder wie Du fühlst.

Folgender Moment half mir die Wichtigkeit des Loslassens zu verstehen:
Während eines gedankenverlorenen Blickes aus meinem Fenster sah ich auf den Baum, der im Garten stand. Er verlor seine Blätter, denn es war Herbst. Mir wurde plötzlich bewusst, dass ein Baum seine Blätter verliert, damit er die Kraft des Schnees aushalten kann, die im Winter auf ihm lasten wird.

Im nächsten Frühjahr werden neue Blätter wachsen und er wird wieder zu neuem Leben erblühen. Würde er die Blätter nicht verlieren, würde der Baum unter der Last des Schnees zusammenbrechen und sterben.

Stellen wir nun einen Vergleich zu uns und unserer Situation an:

Viele Gedanken tragen wir in und mit uns. Manche Gedanken belasten uns sehr. Jeder Schritt, den wir in unserer Entwicklung tun, ist vergleichbar mit einem abgeworfenen Blatt. Sobald wir unsere Fragen, die uns nicht weiterbringen, zur richtigen Zeit abwerfen, sind wir offen für neue Gedanken und Taten.
Eines Tages erblühen wir zum neuen Leben.

Falls wir jedoch nicht bereit sind, uns von den Blättern zu trennen, könnten wir von einer der nächsten Last erdrückt werden. Zu Beginn erscheint uns diese Last sehr leicht, so leicht wie eine Schneeflocke. Es wird allerdings nicht bei nur einer Flocke bleiben. Die nächste Flocke kommt mit Sicherheit. Du weißt gewiss, wie schwer Schneeflocken sein können, wenn sie in großen Mengen vom Himmel fallen.
Wir sollten es der Natur nachahmen und bereit sein für die nächsten Stufen unseres Lebens.

Gott und ich

Ich schreibe in diesem Kapitel von *meinem* Glauben und *meinen* Empfindungen. Darüber wie *ich* die Lehre über Gott und Jesus in *meiner* Vergangenheit gelehrt bekam. Wie *meine* Beziehung jetzt zu Gott ist. Und was der Tod von Enrico mit all dem zu tun hat.

Mein Leben lang kannte ich nur den christlichen Glauben. Ich wurde evangelisch erzogen. Gott war für mich jemand, dem ich gehorchen sollte. Er spielte nicht immer eine große Rolle in meinem Leben, denn mir wurde beigebracht, dass Er zwar für mich da sei, allerdings müsste ich Seine Gebote strikt einhalten. Würde ich es nicht tun, bestrafte Er mich.

Nachdem ich vom Suizid meines Sohnes Enrico erfuhr, überkam mich die Angst. Angst um mein Kind. Nach *meinem* christlichen Glauben würde mein Sohn jetzt in der Hölle sein, denn Suizid ist eine Todsünde.

Enrico in der Hölle? Mein Kind muss leiden …?
Warum hat Gott das zugelassen? Wo war Gott, als Enrico ihn gebraucht hätte …?
Warum hat er nicht auf ihn aufgepasst?

Was gibt es Schlimmeres für eine Mutter, als zu wissen, es geht ihrem Kind schlecht und die Mutter kann nicht helfen oder gar eingreifen.

Ich suchte verzweifelt nach Antworten in der Bibel, um Gewissheit zu bekommen, dass es Enrico gut ginge. Ich fand nichts, was mich beruhigte. Nach Ansicht der Bibel ist Suizid mit Mord gleich zu setzen. Wer einen Mord begeht, begeht eine Sünde und kommt in die Hölle.

Nachdem ich keine Lösung in der Bibel, sondern nur Anschuldigungen fand, beschloss ich, nie wieder ein Buch zu lesen.

Wenn in der Bibel nichts Positives für mich und meinen Sohn steht, dann wird in anderen Büchern auch nichts Positives geschrieben stehen.

Das war mein Denken.

Meine Gedanken und Gefühle überschlugen sich. Angst beherrschte mich. Angst um meinen Sohn, den ich doch so sehr liebte und nicht beschützen konnte. Ich war Schuld, dass er in der Hölle war. Auch Gott war Schuld an all dem, was passierte.

Wo war er?

Ich war wütend auf Gott. Wollte nichts mehr mit ihm zu tun haben.
In meinen Gedanken ließ ich es ihn wissen. Auch sprach ich es ab und an aus. „Wo warst Du, als Enrico Dich brauchte? Warum lässt Du es zu, dass er in die Hölle kommt? Ich will nichts mehr mit Dir zu tun haben!“

Ich ging sogar so weit, dass ich ihm sagte, ich hasse ihn. Nach dieser verzweifelten Aussage hatte ich zwar ein schlechtes Gewissen, aber das war mir im selben Moment gleichgültig. Mir wurde mein Sohn von dem allmächtigen Gott entrissen.

Ich fühlte mich verloren und hatte Angst. Ich spürte keine Liebe mehr, obwohl ich von manchen Menschen hörte, ich würde Trost bei Gott finden.
Wie kann Gott mich trösten und meine Tränen trocknen, obwohl er, laut dem von mir erfahrenen Glauben, meinen Sohn in die Hölle verbannt hat? Das konnte ich nicht mit mir vereinbaren!

Gott sei Liebe. Wo bleibt diese Liebe zu meinem Sohn, der von dieser Welt Abschied nahm. Gott gab uns doch unseren freien Willen und Enricos freier Wille war, vom Leben Abschied zu nehmen. Die Unverschämtheit, die ich empfand, lief darauf hinaus, dass Gott uns dann wegen unserem freien Willen bestrafte.

Dies war und ist ein Widerspruch in sich.
Gott soll unfehlbar sein und er soll trotzdem Widersprüche zulassen? Da stimmt doch etwas nicht.

All diese Gedanken schossen mir durch den Kopf. Was war das anstrengend für mich. Nicht nur, dass Gott mir meinen Sohn nahm. Ich sollte mich auch noch von ihm trösten lassen und ihn um Vergebung bitten.

Was ist das für ein Gott? Wollte ich diesen Gott in mein Leben lassen?

In meinem Freundeskreis gibt es Menschen, die nicht an Gott glauben. Diese Menschen beneidete ich insgeheim, denn sie brauchten sich nicht solche Gedanken machen, die mich so sehr quälten.
Auf der anderen Seite wollte ich gerne Trost erfahren. Die Leere und Einsamkeit fraß meine Seele auf. Ich wünschte mir jemanden, der mich auch innerlich verstand und mir wieder ein gutes Gefühl gab. Durch Enricos Suizid fühlte ich mich schuldig. Die von mir auferlegte Last drückte mich immer weiter in den Abgrund.

Bedingungslose Liebe und bedingungslosen Trost wollte ich erfahren. Bei Gott fand ich diesen bedingungslosen Trost nicht. Denn so, wie mich gelehrt wurde, musste ich regelmäßig beten, um das Gefühl zu erfahren, welches ich mir wünschte.

Jedoch war ich zu kraftlos und es war mir alles zu mühsam. Auch konnte ich mich nicht fallen lassen, da mein Sohn nun ein Sünder war. Ach, was waren meine Gedanken kompliziert.

Nach außen hin benahm ich mich so, als suche und fände ich Hilfe von Gott. Ich betete zwar mit Worten, aber nicht mit meinem Herzen. Mir fehlte die Kraft und das Verständnis dafür, einen Gott anzubeten, der meinen Sohn und mich bestrafte. Ich setzte wieder eine Maske auf.

Ich entfernte mich mehr und mehr vom Glauben, der Kirche und der Bibel.

Nur mit der Kraft meiner Familie und meiner Freunde, versuchte ich mühsam meinen Alltag zu bewältigen. Ohne Gott und ohne irgendeinen innerlichen Halt.

Durch den Tod von Enrico veränderte ich mich insofern, dass ich nicht mehr so schnell für eine neue Sache oder andere Gedanken zu begeistern war. Daher tat ich mich auch sehr schwer mit neuen Glaubensgedanken.
Zwar konnte ich ohne weiteres meinen Glauben an Gott in Frage stellen, doch für andere Religionen oder Glaubensrichtungsänderungen war ich nicht offen.

Es ging mir in dieser Zeit absolut nicht gut.
Da ich dennoch etwas brauchte, an was ich glauben konnte, wandte ich mich den Engeln zu.
Die Engel waren für mich vertraute Wesen aus meiner Kindheit. Sie waren soft und verständnisvoll. Genau richtig für mich und meine verwundete Seele. Der Gedanke an Engel und dass sie auf mich und auch auf Enrico aufpassen würden, erfüllte mich mit einer großen Ruhe.

Nach einigen Monaten las ich doch mein erstes Buch. Es heißt „The Secret“ und wurde von Rhonda Byrne geschrieben. In diesem Buch fand ich die ersten Antworten auf meine Fragen, die mir zusagten.

Ich fing an zu forschen und noch mehr Bücher zu lesen. Das Buch von Neal Donald Walsch „Zuhause in Gott“ gab mir weitere Antworten auf meine Fragen, an welchem Ort sich nun Enrico befinden würde. Dieses Buch handelt von dem Leben nach dem Tode.

Natürlich muss jeder selber wissen, an was er glaubt oder auch nicht glaubt. Für mich war und ist es wichtig, an etwas zu glauben, was mir gut tut. Es tat mir so gut zu wissen, dass es Enrico gut geht.

Ich sammelte Informationen aus Büchern und im Internet über Götter, Göttinnen, Engel und das Universum und mischte mir daraus meinen Glauben. Kurz darauf bekam ich die Hörbücher „Die Nebel von Avalon“, „Die Wälder von Albion“ und „Die Herrin von Avalon“ geschenkt. Diese Hörbücher breiteten eine innige Zufriedenheit in mir aus. Auch der Glaube an mich und meine Fähigkeiten fand seinen Platz in all den Gedankengängen.

Dieses langsame, aber stetige Wachsen meines Glaubens gab mir immer öfter ein gutes Gefühl. Ich fand Antworten auf Fragen, wonach ich schon lange suchte.

Auf Anraten eines lieben Freundes nahm ich im Sommer 2010 an einer Schwitzhüttenzeremonie teil. Es handelt sich um schamanische Rituale. Dieses Schwitzhüttenwochenende brachte meine Gedanken zum Durchbruch. Ich spürte endlich Vergebung. Urplötzlich war für mich klar, wer und was Gott für mich ist. Auch war für mich das Leben plötzlich wieder lebenswerter als zuvor, denn ich erhielt innerlich Antworten auf Fragen, die mich belasteten.

Es mag sich vielleicht etwas kompliziert anhören, jedoch fand ich so meinen persönlichen Weg zu Gott, doch ohne die Einschränkung des christlichen Glaubens und der Kirche.

Es gibt für mich keinen falschen oder richtigen Glauben. Der Glaube ist für mich ein Gefühl, welches ich in mir trage.

Es ist für mich die existenzielle Kraft, die in mir wohnt und überall um mich herum uns alle miteinander verbindet. Nennen wir diese Kraft Gott, obwohl sie viele Namen besitzt.
Ich stelle für mich fest, dass Gott mein bester Freund / Freundin, mein Papa, meine Mama und mein Ich gleichzeitig ist.
Gott ist so, wie ich denke, dass er / sie ist.

Heute bin ich glücklich, dass ich meinen Weg gefunden habe. Meinen Weg mit Gott und mit mir.

Du wirst mich allerdings niemals sagen hören, dass irgendein Mensch falsch oder richtig glaubt. Jeder Mensch darf so glauben, wie es ihn glücklich macht. Glücklich sein ist für mich die Hauptsache im Leben.

Ab jener Zeit, in der ich meinen Weg zu Gott und mir selber fand, stellte ich Folgendes für mich fest:

Unabhängig von Geld, Situation,
Menschen und Umgebung
bin ich glücklich,

denn ich bin.

Trauer und Partnerschaft

Geschrieben von Sabine Mann

Natürlich berücksichtige ich, dass jede Beziehung auf anderen Grundlagen beruht. Jeder der Partner muss für sich den Weg finden, der ihn durch diese schwere Zeit führt. Ich habe meinen Weg gesucht und gefunden und Du kannst Deinen Weg auch finden. Der Deiner Partnerin/ Deines Partners kann völlig anders aussehen.

Nach meiner persönlichen Erfahrung, die auf meiner Geschichte und dem Austausch mit anderen Betroffenen beruht, ist das größte Problem hierbei, sich aufeinander abzustimmen.
Zum besseren Verständnis möchte ich kurz darauf eingehen, wie es meinem Mann und mir erging.

Die ersten drei Wochen, nachdem wir Christian verloren hatten, redeten wir viel miteinander und teilten unsere Trauer. Wir lebten mit unserer Erinnerung an schöne Stunden, diskutierten darüber, was in Christian vorgegangen sein könnte. Sprachen über unsere Schuld und fragten uns, was wir wann falsch gemacht haben und warum sich Christian uns nicht anvertraut hatte. Ich denke, Du weißt, wovon ich hier schreibe.

Diese Gespräche waren wichtig und sie taten gut, neben all' dem Schmerz.

Nach einiger Zeit musste mein Mann wieder arbeiten. Unsere Beziehung stand vor der nächsten Belastungsprobe bestehend aus Trennung, Kollegen, Einsamkeit, Druck und Alltag.
Plötzlich kam ich mit meinem Mann nicht mehr klar. Während er versuchte, zu überleben und seine Arbeit verlässlich zu erledigen, vermisste ich die Gespräche mit ihm. Ich hatte die Erwartung, dass ich ihn weinen sehen müsste, weil ich mir sonst Sorgen machte und ich wollte, dass er mich fragt, wie es mir geht.

So habe ich unbewusst einen großen Druck aufgebaut, dem mein Mann nicht standhalten konnte. Daraus resultierten heftige Streitgespräche.

Frustriert beklagte ich mich damals bei einem guten Freund und äußerte natürlich auch meine Sorgen. Ich dachte, mein Mann verhalte sich völlig falsch. Schließlich hatte er sein Kind verloren und da muss man doch heftig trauern!

Besagter Freund hielt mir dann einen Spiegel vor und machte mir klar, dass ich mich sehr egoistisch verhielt und die Sache ganz falsch betrachtet habe, denn ich sah die Situation nur von meiner Seite.

Er half mir zu erkennen, dass ich unbewusst Druck aufbaute, in dem ich eine bestimmte Erwartungshaltung hatte. Er half mir auch zu erkennen, dass ich meinen Mann unbewusst unter Druck setzte.

Ich ging von meinem Standpunkt aus und dachte, er muss sich so verhalten, wie ich es annahm. Ich dachte, nur mein Standpunkt sei der Richtige und er müsse sich so verhalten, wie ich es von ihm erwarte.

Somit unterstellte ich ihm, natürlich unbewusst, dass er nicht trauert, weil er mit mir nicht mehr darüber sprach und weil er nicht mehr vor oder mit mir weinte. Mit dieser Haltung habe ich die ohnehin angespannte Atmosphäre zusätzlich regelrecht vergiftet.

Mein Freund, mit dem ich auch viel über Internet in Verbindung stand, schrieb mir damals folgende Worte:

„Es gibt viel nachzudenken, wenn ein geliebter Mensch gestorben ist. Die eigene Lage hat sich verändert. Familiär, emotional und finanziell vielleicht auch.
Wie baust Du den Tod nun in Dein Weltbild ein? Wie kannst Du Deiner Partnerin / Deinem Partner helfen und welche Hilfe benötigst Du selbst? Wie willst Du Dein Leben denn nun weiterführen?

Alles Fragen, die Du Dir selbst irgendwie beantworten musst. Und da gibt es bestimmt noch andere mehr. Das ist sicher von Person zu Person verschieden.

Achte darauf, dass es ein Nachdenken bleibt. Grübeln in der Form, dass Du Dich in schmerzvollen Erinnerungen wälzt und Dich in Deine Trauer hinein steigerst, Du immer wieder darin gefangen bist, auf welche Weise der geliebte Mensch zu Tode gekommen ist, wird Dir nicht helfen.

Das ist wie der Blick zurück, der Frau Lot zur Salzsäule erstarren ließ. Diese Gedanken müssen wir ertragen und wir müssen uns ihnen stellen und sie ausleben. Aber ein Erstarren können wir uns nicht leisten.

Auf einmal ist alles so neu und darum musst Du anpassungsfähig bleiben.
Deshalb ist nun Flexibilität und Aufmerksamkeit gefragt, ebenso wie ein weiter Blick nach vorn, um gefasst zu sein, was Dich erwarten kann.“
Als ich das las, wurde mir zum ersten Mal wirklich klar, dass wir beide uns verändert haben. Jeder für sich. Den Partner, den ich einmal geheiratet habe, den gab es nicht mehr. Unser Schicksal hat sich gewendet und ging nun einen Weg, der uns fremd war. Unser beider Schicksal hat sich gewendet, doch Jeder ging seinen eigenen Weg.

Das bereitete mir große Panik und ich hatte plötzlich Angst um meine Beziehung. Ich fing an nachzudenken: Wenn diese Beziehung an unserer Trauer zerbrechen sollte ... wäre das dann nicht Christians Schuld?!
Das wollte ich nicht!

Ich wollte meinen Mann nicht verlieren und ich wollte diese Schuld nicht auch noch auf Christians Schultern laden.

An der Situation konnte ich nichts ändern, also musste ich an mir arbeiten. ICH musste meinen Blick ändern.
Wir stehen nun vor der großen Aufgabe, uns aufeinander abzustimmen und nach Lösungen zu suchen, die uns Beiden helfen.

Dir und Deiner Partnerin/Deinem Partner möchte ich Folgendes damit sagen: Es ist wichtig, ehrlich zu sein und sich darüber auszutauschen, was im Moment wichtig für euch selbst ist. Was Du vermeiden solltest ist falsche Rücksichtnahme, in dem Glauben, dass Du die Partnerin/den Partner schonen müsstest. Das kann zu Missverständnissen führen und ist unnötig.
Wichtig ist: hab' Geduld!

Aus meiner heutigen Sicht ist es wichtig, sich deutlich zu sagen, was wir uns wünschen und was uns gut tut. Ich kann heute sagen, dass dies bei meinem Mann und mir funktioniert, obwohl wir völlig unterschiedlich trauern.
Ich habe gelernt zu akzeptieren und zu respektieren. Einen Teil der Trauer erlebt jeder für sich und einen anderen Teil teilen wir miteinander.

M/ein langer Weg

Nach diesem Anruf war nur noch der Schmerz,
Dieser Nachricht folgte Ohnmacht - still stand das Herz.
Samstag, Sonntag & Montag, drei Tage bei dir gewacht,
Jeden dieser Tage umhüllt von dunkelster Nacht.

Der sehnliche Wunsch, doch nur einmal noch mit dir sprechen!
Fragen, ein Verdacht - war dies vielleicht ein Verbrechen?
Ist es wahr und du selbst hast dies getan?
War er alt, oder neu, wann entstand dieser Plan?

Dann fand es ein Ende, dieses noch hoffende Bangen -
dein Leben beendet - du bist von uns gegangen ...
Schwarz, wie die Nacht, war nun jeder Tag.
Ich war hilflos, ohnmächtig, getroffen vom Schlag.

Es folgte ein Kampf durch unzählige Tränen,
Verzweiflung und Schreien, maßloses Sehnen!
Bilder der Erinnerung in Tränen getaucht.
Lachen, Stimmen, Augen - meine Kraft aufgebraucht.

Christian, du fehlst, du fehlst, du wirst so sehr vermisst!
Doch man begreift allmählich, dass es nun einmal so ist.
Man beginnt das Leben nun ohne dich neu zu gestalten,
Man kann dich im Herzen ganz fest dabei halten.

Fehlen wirst du immer, das wird nun so bleiben,
Doch die Finsternis der Trauer - ich kann sie vertreiben.
Am Ende dieses Tunnels, da erkenn' ich jetzt Licht.
Ich gehe darauf zu und vergesse dich dabei doch nicht!

Nun bin ich dankbar für jeden Moment und die Zeit mit dir!
Ich trage dich in meinem Herzen fest verankert bei mir.
Hoffnung ist das, was ich jetzt neu erlerne,
Die Stunden mit dir leuchten mir dabei als strahlende Sterne!

- In ewiger Liebe für Christian –

Sabine Mann für ihren Stiefsohn
27.03.2006

Ich danke …

Es liegt mir sehr am Herzen, mich zu bedanken und an dieser Stelle möchte ich es tun.
In dem Kapitel „Freunde und Familie“ schrieb ich über all die Menschen, die mich auf meinem anfänglichen Trauerweg begleitet haben. Sie waren in der Vergangenheit und sind heute immer noch sehr wertvolle Menschen für mich.

Als ich beschloss ein Buch, bzw. dieses Buch, zu veröffentlichen erhielt ich Zuspruch, Beistand und tatkräftige Hilfe.

Mein Dank gilt insbesondere
meinen Söhnen
meinen Schwestern,
meinen Freundinnen:
Sabine Mann,
Regina und
Manuela
Einen ganz großen Dank auch an meinen lieben Freund Bernd Klüppelberg.

Last, but not least möchte ich mich natürlich bei Britta und ihrem Mann Michael bedanken.
Ihr habt alle an mich geglaubt.

Schön, dass es Euch in meinem Leben gibt.
Eure Annette

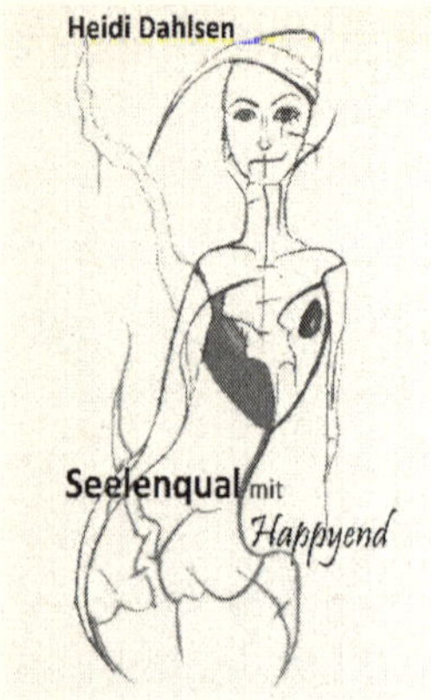

Reichten die bisherigen Diagnosen noch nicht aus? Musste es jetzt auch noch Krebs sein? Auf ihre bekannt humorig - sarkastische Art setzt sich Heidi Dahlsen mit der Diagnose Krebs und ihrem anschließenden - auch inneren - Kampf auseinander. Doch schon wie bei ihrem ersten Buch Gefühlslooping und allen nachfolgenden, wird dem Leser sehr schnell klar: Diese Frau hat an vieles gedacht, aber nicht einen Moment ans Aufgeben. Und so nimmt sie den Leser einfach mit ins Krankenhaus, lässt ihn teilhaben an ihren Eindrücken rund um Chemotherapie und höchstpersönliche Seelenqualen.

ISBN: 9783942514507
Preis: 9,95 Euro
Traumstunden Verlag Essen

Robert Lauterberg wurde im Dezember 1950 in Bremen geboren, wo er auch seine ersten 20 Lebensjahre verbrachte. 1969 lernte er seine große Liebe Brigitte kennen und heiratete sie im September 1971. Leider blieb der gemeinsame Kinderwunsch unerfüllt. 1983 verließ er seinen bisherigen Brötchengeber Bundeswehr und wechselte in den bayrischen Staatsdienst. Brigitte wechselte 1984 in die Selbständigkeit. Gemeinsam bereiste das Ehepaar Europa und Asien. Brigitte Lauterberg verstarb 2006 an Krebs. Mit der Vollendung, Überarbeitung, Bebilderung und Herausgabe des Tagebuches seiner Frau erfüllt er ihren Wunsch nach dessen Veröffentlichung. Die dabei anfallenden Honorare spenden beide Herausgeber in vollem Umfang der Krebshilfe.

ISBN: 9783942514033
Preis: 15,95 Euro
Traumstunden Verlag Essen